잃어버린 배뱅이굿

잃어버린 배뱅이굿

최원식 편

서문

영남대에 재직하던 시절, 염무웅廉武雄 선생 소장의 잡지『향토』를 구경하다가 유인만柳寅晚의 배뱅이굿 채록본을 발견했다. 이름도 낯설지만 내용은 더욱 낯설어 눈여겨둔 터에, 1983년 마침 후배 김도연金度演이 준비하던 무크『공동체문화』제1집에 그 창본唱本(「유인만 채록 배뱅이굿」)을 싣고, 계명대 최정여崔正如 교수의 환갑 기념 논총에는 「배뱅이굿 연구」를 기고했다. 몇 년 뒤, 첫 논문집『한국근대소설사론』(창작사, 1986)을 출판하면서는 논문만 수록했는데, 배뱅이굿을 판소리의 기원으로 파악하던 기존 통설에 첫 의문을 던진 셈이었다. 배뱅이굿은 기원이기는커녕 오히려 후배에 해당했으니, 경기京畿→충청忠淸→전라全羅에서 차례로 발전하던, 북 장단의 남한 판소리 영향으로 뒤늦게 평안平安·황해黃海에서 새롭게 구성되던, 장구 장단의 '서도西道 판소리'였던 것이다.

그 후, 김상훈金相勳(전 동남보건대 교수)의 인하대 석사 논문 「배뱅이굿 연구」(1987)에서 천태산인天台山人 김태준金台俊

(1905~1949)이 이미 1934년에 「배뱅이굿」을 채집·발표한 사실을 알게 된바, 조선연극사를 개척한 학문적 동지 노정蘆汀 김재철金在喆(1907~1933)의 유지遺志를 실행한 뜻이 도탑다. 그러고 보면 유인만이 "은사 이희승李熙昇 선생의 권유"라는 숨은 맥락을 밝힌 게 주목된다. 일석一石 이희승(1896~1989) 역시 천태산인 및 노정과 더불어 우리 국문학 연구를 개척한 '조선어문학회朝鮮語文學會'(1931년 결성)의 동지다. 이 자장磁場 안에서 배뱅이굿도 인멸湮滅에서 벗어났다 생각하니 그분들의 뜻이 새삼 향기롭다.

그런데 이 두 본의 운명이 아처롭다. 첫 채록자 천태산인은 남로당 관련으로 1949년 11월 처형되고, 두 번째 채록자 유인만은 분단 속에 행방이 묘연해지면서, 두 본이 거의 망각되었기 때문이다. 정년 후 문서고를 정리하던 중 오랜만에 「유인만 채록 배뱅이굿」과 「배뱅이굿 연구」를 다시 보니, 새로이 보충할 점이 크게 띄었다. 더구나 유인만의 배뱅이굿을 두찬杜撰한 해괴한 책이 돌아다닌다. 발굴자로서 제대로 된 정본을 출판할 의무가 새롭던 것이다.

황해와 평안, 두 도를 기반으로 한 배뱅이굿은 19세기 말 즈음 전문적 소리로 짜인 서도 판소리다. 평안남도 용강龍岡 출신의 소리꾼 김관준金寬俊은 배뱅이굿 전승의 원점으로 인정되는데, 서도 민중의 판놀음으로 성행하던 배뱅이굿이 김관준에 이르러 비로소 전문적 소리로 올라섰던 게다. 도산島山 안창호安昌浩

(1878~1938) 관련이 흥미롭다. "을사조약(1905) 이후 미국에서 귀국한 도산이 평양에 대성학원을 설립할 즈음, '가객이라는 직업은 사회에 이익을 주는 교화 기관이 되어야' 한다고 김관준의 예술정신·광대관을 일깨워 이에 김관준이 미신타파를 주제로 하는 배뱅이굿을 창작했다"(윤진현, 「배뱅이굿의 창작정신 계승을 위한 첫걸음」, 『플랫폼』 2009년 7·8월)는 것인데, 이는 도산의 영향으로 김관준이 배뱅이굿을 창작했다기보다는 도산도 배뱅이굿의 향수자라는 뜻이 아닐까 싶다. 평안남도 강서江西의 도롱이섬(대동강大同江 하류)에서 태어난 도산은 조선왕조 내내 억눌린 서북파의 근대적 대두를 상징한 혁명가이거니와, 서북의 문화적 진출을 대표하는 징표의 하나인 배뱅이굿에 굳이 그 연관을 표나게 강조한 데는 도산과 배뱅이굿이 모두, 조선왕조의 서북 차별을 효모酵母로 하고 있음을 가리킬 것이다.

운산군

평산군

첫 채록 김태준 본(1934)과 두 번째 채록 유인만 본(1947)은 각기 평안북도 운산雲山과 황해도 평산平山 현장에서 채집된 이른 시기의 본이라 월남한 이후 대중화한 배뱅이굿의 원형에 가깝다. 초창기 판놀음적 성격을 잘 보여주는 김태준 채록본을 앞에 두고, 무당 사또 배뱅이 아비 이야기가 독창적인 유인만 채록본을 뒤에 배치했다. 그리고 배뱅이 집안을 골리는 가짜 무당 이야기가 잘 짜인 최상수 채록본(『민속학보』1·2집, 1956~1957)을 마지막에 두었다. 석천石泉 최상수崔常壽(1918~1995)는 석남石南 송석하宋錫夏(1904~1948)를 이어 우리 민속학을 개척했는데, 천태산인이 노정의 뜻을 계승했듯 석천은 석남을 받들어 평양平壤 배뱅이굿 채록에 임했으니, 배뱅이굿이 우리 연극사와 민속학의 구축에 기여한 점도 종요롭다. 요컨대, 이 세 본은 무당에서 사또로 오른 배뱅이 아비 이야기, 중과 사통私通한 배뱅이 이야기, 그리고 가짜 무당 이야기로 구성된 배뱅이굿 한판의 적층 과정을 거의 그대로 반영하고 있어, 이본들 가운데도 귀보貴寶라 하겠다.

배뱅이굿의 메시지는 무엇인가? 배뱅이 아비가 주인공인 첫째 이야기는 신분 상승이 주제다. 무당 출신의 배뱅이 아비는 말하자면 춘향이의 남성판인데, 기생(천민)에서 귀부인으로 상승한 춘향이에 대해, 배뱅이 아비는 사또에서는 쫓겨났지만 양반으로 정착하는 데는 성공한다는 점에서 남한 판소리를 현실적으로 재해석한 서도 판소리의 후배적 성격이 뚜렷하다. 둘째 이야기의 축은 배뱅이다. 양반집 규수로 성장한 배뱅이가 중을 유혹하여 출분出奔까지 감행하려다 중의 배신으로 죽음에 이르는 이 이야기의 주제는 욕망이다. 배뱅이는 애비가 애써 이룩한 신분이 아니라 자신의 욕망에 충성한다. 이 역시 「춘향가」의 패러디다. 이몽룡의 주도성에 대해 배뱅이가 시종일관 이끄는 점도 그렇지만, 결혼으로 가는 약속을 꼼꼼히 점검하는 춘향이와 달리 배뱅이는 스스로 양반 제도의 바깥으로 단숨에 탈주하던 것이다. 신분 해방을 개인적으로 수행함으로써 중세 체제와 타협한 춘향이보다 죽음으로써 저항한 배뱅이야말로 진정한 '문제아적 주인공'이매, 여기서도 다시 남한 판소리에 대한 선진성이 확인되는 터. 셋째 이야기의 주인공 가짜 무당이 배뱅이 집 재산을 가로채는 이 사기담은 서도 판소리의 개성을 단적으로 보여준다. 대동강 물 팔아먹은 봉이 김선달을 잇는 평양 출신 가짜 무당은 자신의 기지로 기득권 세상을 조롱함으로써 종내 중세체제의 무덤을 파는 즐거운 악당 피카로picaro에 준하매, 이 셋째 이야기에 이르러, 배뱅이굿은 한국판 피카레스크picaresque 또는 건달 서사의 모습을 드러내던 것이다.

　배뱅이굿과 굿의 관계는 복합적이다. 배뱅이굿의 원천은 유구한 알타이 샤머니즘의 신명을 이은 서도 굿판이다. 물론 굿판 그 자체는 아니고 제의祭儀가 세속으로 걸어 나온 연희판에서 놀아진 것이되, 그 이름에 굿이 끝내 떨어져나가지 않은 데서 보이듯 특히 굿판과의 거리가 가깝다. 말하자면 세속 굿판인 셈이다. 배뱅이굿은 굿을 빌려 굿을 비판함으로써 굿을 다시 긍정하는 복잡계인데, 그럼에도 천지인天地人 삼재三才를 일통一統하는 영혼의 화육化肉에는 미치지 못했다, 마치 남한 판소리 이후를 걸어간 배뱅이굿이 탈근대의 맹아조차 품은 성숙한 근대 서사에는 미달했듯. 그럼에도 불구하고, 배뱅이굿은 우리 연희사는 물론이고 소설사, 특히 근대문학사로 이행하는 단계를 살피는 데 불가피한 텍스트이매, 그 미달조차도 소중하다.

새로 찾은 유인만 자료 두 점을 부록으로 편집하여 유인만에 대한 정보를 보충했다. 일석 선생 생전에 유인만에 대해 여쭈었다면 하는 후회가 막심하지만, 혹 유인만의 후손을 찾는 데 디딤돌이 된다면 더할 나위 없이 기쁘겠다.

이 작은 책의 출간이 이은관李殷官(1917~2014) 명창 이후 급속히 소외된 배뱅이굿에 대한 관심을 환기하면서, 아울러 남북문화교류의 한 단서가 되었으면 싶다. 월북 시인 조영출趙靈出(일명 조명암趙鳴岩, 1913~1993)의 연보를 일별하다가 1988년 민족 가극「배뱅이굿」을 지었다는 데 괄목한바(이동순 편, 『조명암시전집』, 선, 2003), 그가 1948년 평양에서 재혼한 김관보金觀普가 서도 명창으로 날린 공훈 배우라는 점을 감안하면 과연 북의 배뱅이굿 현황은 어떠한지 짐짓 궁금타. 더욱이 김지하 시인의 「소리굿 아구」(1974)가 공연된 지 50주년을 맞아, 마당굿 운동을 새로이 파악하려는 집합적 노력이 출범하는 뜻깊은 때에 즈음하여(『한겨레』2024.2.27), 마당굿의 조상이라 할 배뱅이굿도 아울러 재조명된다면 다행이겠다.

거의 40여 년 만에 개고하다 보니 그때 도움받았던 분들 중 이제는 고인이 된 분들이 꽤 계시다. 해주海州 배뱅이굿에 대해 일러주신 오정순吳正純 빙모님, 계명대 국문과의 어른으로 연희 문화에 대해 교시를 아끼지 않은 최정여 선생, 그리고 유인만 채록본의 발표를 기뻐해준 후배 김도연 군, 다시금 명복을 빈다. 그리고 배뱅이굿을 짜고 다듬어 전수한 유명/무명의 서도 소리꾼들께 경의를 표하며, 배뱅이굿의 첫 채집자 김태준, 두 번째 채록자 유인만, 그리고 세 번째 채록자 최상수, 세 선배 학인의 영전에 삼가 이 책을 바친다.

끝으로 최상수 채록본을 구해준 배뱅이굿 전문가 김상훈 교수에게 감사한다.

이 작은 책자의 출판을 흔쾌히 허락한 솔출판사의 임우기 대표와 오봉옥 주간의 우정에 감읍하는 한편, 실무를 꼼꼼히 챙긴 윤정빈 편집자의 노고를 기억하는 바이다.

2024년 12월 15일
해주 최원식 삼가 씀

차례

해설

배뱅이굿 연구

배뱅이굿 연구*

1. 유인만 채록 배뱅이굿

배뱅이굿은 얼마 전까지만 해도 우리에게 친숙한 전통 연희의 하나였다. 그럼에도 배뱅이굿에 대한 연구는 부진한 형편이다. 그 원인은 우선 배뱅이굿이 자기 터전인 평안도와 황해도에서 떨어져 나와 있다는 점을 들 수 있겠다. 분단으로 말미암아 살아 있는 현장에 접근할 수 없다는 사실이 배뱅이굿에 대한 진지한 검토에 중대한 난관을 제공해온 것이다. 그런데 더욱 문제는 배뱅이굿을 판소리의 기원적 형태를 방증하는 낮은 사례로만 파악하는 발생론적 시각이다. 판소리 연구에 크게 공헌한 국문학자 나손羅孫 김동욱金東旭(1922~1990)이 대표적이거니와, 이로 말미암아 배뱅이굿이 '남한(경기-충청-전라) 판소리'[1]의 융성 이후

* 이 글은 원래 『흔뫼崔正如박사송수기념논총』(계명대출판부, 1983)에 발표한 것이다. 그 후 졸저 『한국근대소설사론』(창작사, 1986)에 재수록한바, 이번에 전면적으로 퇴고했다.
1 배뱅이굿을 '서도 판소리'로 지칭하면서, 우리에게 익숙한 판소리는

에 발흥한 서도 판놀음이란 특질이 가려져왔던 터다.

배뱅이굿은 전문성이 상대적으로 약하다. 아무나 배뱅이굿을 연희할 수 있는 것은 아니지만 무서운 수련 과정을 거쳐야 하는 판소리에 비할 때 대중적이다. 이에 대해 나손은 말한다.

이 배뱅이굿은 50대 이상의 북한 사람들 말에 의하면 겨울날 사랑방에서 돌림치기로 민중의 오락으로 성행했었다고 증언들을 한다.[2]

이제는 돌아가신 내 빙모(해주 출신)께서도 명절 때나 잔치 때 사람들이 모이면 그중에 소리 잘하는 이가 으레 나서서 배뱅이굿을 놀았다고 하셨다. 판놀음적 소인성素人性을 끝내 잃지 않은 배뱅이굿에 '판소리의 양면성'[3]이 나타나지 않는 점도 이와 연관

잠정적으로 '남한 판소리'로 부를 것이다. '남도 판소리'라고 할 수도 있지만, 이는 중고제(中古制, 경기·충청 판소리)를 배제할 우려로 부득이 '남한 판소리'란 용어를 선택했다. 아시다시피 판소리는 경기·충청에서 비롯돼 융성하다가(내 판단으로는 중고제가 경기도에서 시작돼 충청도로 퍼진 듯함), 마침내 전라도로 이월해 동편제東便制·서편제西便制가 판을 잡았는데, 종내는 서편제가 주류로 되어 오늘에 이르렀다.

2 김동욱, 「판소리는 열두 마당뿐인가」, 『낙산어문駱山語文』 제2집, 서울대 문리대 국어국문학회, 1970, 4면.

3 이는 조동일趙東一의 개념이다. 예컨대 「춘향가春香歌」는 반중세적 인간 해방의 서사지만 겉은 중세적 열烈로 포장했다. 민중예술로 출발한 판소리가 양반사회로 번지면서 일어난 현상인데, 나쁘게 말하면 분열이고 좋게 말하면 위장이다.

될지도 모르거니와, 맑고 높은 애원성哀怨聲을 자유자재로 구사해 날카로운 풍자와 유쾌한 해학으로 판을 짜나가는 배뱅이굿은 남한 판소리의 탁성濁聲과 뚜렷이 구별되는 서도소리의 청성淸聲이 바탕이다. 다른 미학적 자질에 기초하여 판소리 이후의 길을 찾아간 배뱅이굿 독자성에 대한 알아챔이 무엇보다 종요롭다.

이채로운 배뱅이굿 채록본 하나를 소개하려 한다. 해방 직후 정음사正音社에서 월간으로『향토』라는 국학 잡지를 낸 적이 있다. '역사·언어·민속 연구'를 표방하고 편집인 홍이섭洪以燮(1914~1974),[4] 발행인 최영해崔暎海(1914~1981)[5] 체제로[6] 1946년 7월에 창간호를 낸 매 권 20면 안팎의 얇팍한 잡지지만 내용은 알차다. 이 잡지 4호(1947.4)에 「배뱅이굿의 서설緖說」이 실려 있다. 그런데 이 귀중한 황해도 배뱅이굿의 채록자 이름조차 흔들

4 1938년 연희전문延禧專門을 졸업하고 1953년부터 연세대延世大 문과대 교수로 재직하면서 식민사관을 극복하고 민족사학을 정립하는 데 크게 기여한 역사학자. 대표 저서로는『조선과학사』(1944),『정약용丁若鏞의 정치경제사상연구』(1959),『한국정신사서설』(1975) 등이 있다.

5 외솔 최현배崔鉉培(1894~1970)의 아들로, 연희전문을 나와 해방 후, 외솔이 1928년에 창립한 정음사의 사장으로 나서 윤동주尹東柱(1917~1945) 유고 시집을 비롯해 많은 양서를 출간한 대표적인 출판인이다.

6 두 분이 호흡을 맞춘 데는 민족적 분위기가 물씬한 연희전문 문과 동문이면서『삼사문학三四文學』동인이기도 한 인연이 작동했을 것이다. 화가 정현웅鄭玄雄(1911~1976) 등이 1934년에 창간해서『삼사문학』인 이 잡지에 홍이섭과 최영해는 2호에, 3호에는 황순원黃順元(1915~2000)도 참가했다. 홍이섭, 최영해 두 분이 연희전문 시절 문학청년이었던 점이 재미있다.

린다. 잡지 표지의 목차에는 유인영柳寅暎이고 본문에는 유인만柳寅晩으로 혼동되는데, 본문의 이름이 더 미쁘기도 하지만, 『향토』8호(1948.3)에 실린 「여말麗末 이광李光의 유허遺墟전설」, 『협동』2호(1946.10)에 기고한 전래동요 「고사리·삽주」, 그리고 『국학』3호(1947.12)에 실린 「구월동별곡九月洞別曲」의 필자도 유인만이다. 아마도 같은 필자일 것이다. 이에 채록자를 유인만으로 잠정暫定한다.

이은관 명창의 소리 모습

고향 황해도 평산에 들렀다가 관북사館北寺에서 어느 재인才人의 배뱅이굿 공연을 보고[7] 사설을 기록한 유인만은 누구일까? 재인의 소리에 "적당히 한자를 넣고, 약간의 주해를 시험"해 채록본을 완성한 그는 이 방면에 뜻을 둔 학구學究이기 십상인데, 과

7 "이 방중房中에 구경꾼 모이듯 가뜩가뜩 모였는데"라는 재인의 말에서 공연 현장이 엿보인다. 유인만, 「배뱅이굿의 서설」, 『향토』 제4호, 1947.4, 4면.

연 "은사 이희승 선생의 권유도 계시"다고 밝힌바,[8] 그는 일석一石의 제자다. 일석이 교편을 잡은 곳은 해방 전에는 경성사범학교京城師範學校와 이화여전梨花女專, 해방 후에는 서울문리대 국문과다. 서울대 국문과 동창회 주소록(1999)에 유인만이 보이지 않는다. 이화여전은 아니겠고 경성사범학교는 1930년대 초에 재직한지라 연배가 맞지 않을 듯하고 혹 조선어학회인가, 현재로선 알수 없다.

유인만 채록본(이하 '유본'으로 약칭)이 지니는 첫째 의의는 그후 완벽하게 잊혀졌지만 배뱅이굿에 대한 최초의 본격적인 채집이라는 점이다. 이에 앞서는 작업이 없지 않았다. 김상훈에 의하면 최초의 채록자는 천태산인 김태준이다.[9] 『한글』 2권 1~2호에 분재된 「극본 배뱅이굿: 평안도 민속극」은 그의 고향인 평안북도 운산에서 녹취된바, "김흥섭金興燮 형님의 구술에 의지"[10]했다는 데 보이듯 구술자는 아마도 천태산인의 족인族人일 듯싶다. 전문 소리꾼이 아닌 소인素人의 녹취본으로 귀중하지만, 수정·보완을 기약한 데서 짐작되듯 성글고, 또한 천태산인이 극본으로 재구성한 게 아쉽다. 김태준 이후 평양 출신의 극작가 우천又川 오영

8   위의 글, 2면.
9   김상훈, 「배뱅이굿 연구」, 인하대 석사 논문, 1987, 23면.
10   김태준, 「극본 배뱅이굿」, 『한글』 2권 1호, 1934; 『김태준전집 2: 산문』, 보고사, 1990, 118면.

진吳泳鎭(1916~1974)이 시나리오 「배뱅이굿」(1942)을 발표했다.[11] 채록으로나 작품으로서 가치는 적으나, 배뱅이굿이 서북의 문화적 대두와 연관되는 점을 확인하는 좋은 참고이기는 하다.

'유본'의 둘째 의의는 아마도 유일하게 공연 현장에서 채록되었다는 점이다.[12] 그동안 학계에 알려진 것은 김동욱과 최상수의 채록본이다. 나손은 『서울대학교 논문집』 3집(1956)에 실린 「판소리 발생고(2)」의 부록으로 1954년에 채록한 이은관 창본을 공개했다. 민속학의 개척자 석천 최상수도 두 개의 채록본을 발표했다. 하나는 6·25(1950~1953) 직후 채집하여 『민속학보』 1~2집(1956~1957)에 분재한 김성민金成敏 창본이고,[13] 또 하나는

<hr>

11 서울의 갑부 김진사·이진사·배좌수가 황해도 곡산谷山으로 낙향하여 각기 세월네·네월네·배뱅이를 얻었으나 배뱅이가 상좌중에 반해 죽자 기생놀음에 탕진한 평양의 한량 허풍만이 가짜 무당 노릇으로 배뱅이 집 재산을 들어먹고 떠나가는 것으로 맺었다. 이근삼·서연호 편, 『오영진 전집 제3권: 시나리오』, 범한서적주식회사, 1989, 7~54면.

12 천태산인의 첫 채록도 평북 운산 현장에서지만, 창자唱者가 아마추어인 점은 차치하고라도, 녹취가 놀음 현장이라기보다는 일대일 녹음일 가능성이 크고, 더구나 채록자가 극본으로 재구성한 것이 결점이다.

13 석천에 의하면, 1941년 평양에서 배뱅이굿 명창 김성민의 구송을 그대로 채록한바, "6·25동란이 나기 수개월 전에 모 잡지사에서 실겠다고 재삼 간청하므로 원고를 내어주었으나, 난리 통에 그만 그 잡지도 못 나오게 되고, 또 원고도 도루 찾을 길이 없"었다는 것이다. 그래 6·25 후 서울에서 다시 그를 해후하여 석천 집으로 불러 다시 채록해 발표했던 것이다. 현장에서 채집된 1차본이 실전한 것은 유감이나, 그래도 2차본을 건진 것만도 천행이라 하겠다.(최상수, 「배뱅이굿 대사(1)」의 '전언前言', 『민속학보』 1집, 1956.5, 180면)

『민속학보』2집(1957)에 발표한 이은관 창본이다. 이들은 모두 김성민과 이은관이 월남하여 서울에서 녹취된 것이매, 황해도 공연 현장에서 바로 나온 '유본'의 가치는 한층 주목되거니와, 그 내용도 값한다. 항간에 나도는 배뱅이굿과 달리 유본은 9대에 걸쳐 무당으로 내려온 배뱅이 아비의 내력이 진진하게 전개된바, "항간에 흔히 떠돌아다니고 레코드에 취입까지 한 배뱅이굿의 본설本說은 고만두고 그의 허두인 즉 서설"[14]만 채록한 점이 애석하지만, 이 부분만으로도 배뱅이굿의 본때를 보인 창본으로 우뚝하다.

2. 배뱅이굿의 소리꾼들

가장 널리 알려진 이은관(1917~2014)의 내력부터 살펴보자.

창자 이은관 씨는 한 40여 세, 그는 김성민金性珉(약 50세)과 아울러 김종조金宗朝·최순경崔順慶에게 배웠다 하며, 또 이 두 사람은 황해도(평안남도의 착오-인용자) 용강龍岡에 사는 이인수李仁洙(30년 전 사망)에게 배웠다 한다. 그러나 이 씨는 애초에 이인수 창 배뱅이굿의 3분의 1밖에 창하지 못한다

14 유인만, 앞의 글, 2면.

고 고백하였다. (1960년 기준)[15]

이은관 씨는 황해도 황주黃州 출생(1917년 강원도江原道 이천伊川
생-인용자)으로 22세 때 황주 기생조합의 소리 선생이었던 평안남도
용강 출신의 이인수 씨에게서 3개월 동안 배뱅이굿을 배웠다고 한다.
그의 말에 의하면 원 배뱅이굿의 조종이라고 할 수 있는 분은 김관준
씨라는 분인데, 뒷날 그의 아들인 김종조 씨가 이것을 더욱 많이 꾸미
고 발전시킨 것으로서 그는 참말로 형언할 수 없으리만큼 잘하는 분
이었으며, 자기가 직접 배운 이인수 씨·최순경 씨 역시 김종조 씨에
게 배운 분이라고 한다. 그의 나이는 올해 37세(1954년), 현재 서울에
거주하고 있는데 (…) 자기는 참말로 전기前記 스승 이인수 씨의 몇
분지 일의 흉내도 못 낸다는 것이다.[16]

동일한 사람의 증언에 토대하고 있는데도 가장 중요한 사승
師承 관계조차 서로 어긋난다. 여러 정황으로 보아 나는 최상수를
따른다. 이은관은 배뱅이굿 시조 김관준金寬俊의 4대 제자다. 배
뱅이굿은 평안남도 용강에서 기원하였다. 1대 김관준, 2대 김종
조(김관준의 아들), 3대 이인수, 모두 용강 출신이다. 강원도 이천
출신의 이은관이 1930년대 말 황해도 황주에서 이인수에게 배

15 김동욱, 『한국가요의 연구』, 을유문화사, 1961, 418면.
16 최상수, 「배뱅이굿 대사(2)」, 『민속학보』 2집, 1957.6, 228면.

뱅이굿을 학습했으니, 본바닥 배뱅이굿을 이은 셈이다. 배뱅이
굿의 기원은 의외로 깊지 않다. 갑오경장甲午更張(1894) 이후 1900
년대 어름에 배뱅이굿이 하나의 전문적인 소리로 분기·발전한
바, 그 과정에 김종조와 이인수의 역할이 컸다. 스승의 소리를
"몇 분지 일의 흉내도 못 낸다"는 이은관의 고백이 그냥 겸사가
아닐 것이다.

　다음 김성민. 그를 발굴한 최상수는 말한다.

　　이 배뱅이굿은 지금으로부터 15년 전 필자가 민속 채집
　　차 평양에 갔었을 때 배뱅이굿의 능수, 평양 기림리箕林里에
　　사는 김성민 씨의 구송에 의하여 필자가 그대로 채집한 것
　　인데 김성민 씨 자신의 말에 의하면 그는 17세 때 용강 출신
　　의 자기 선생(성명은 필자가 잊었음)에게 배웠다고 한다.[17]

　석천이 이름을 잊은 김성민의 스승은 누구인가? 용강 출신의
'선생'은 아마도 이은관 스승이기도 한 이인수일 것이다. 인용한
나손의 글 중에 이은관과 동문수학했다는 金性珉이 바로 金成敏과
동일한 인물로 짐작되매, 결국 김성민과 이은관의 계통이 하나
임을 알려준다. 김성민도 이은관처럼 김관준의 4대 제자다.

　그런데 김성민 창본과 이은관 창본 사이에 차이가 적지 않다.

17　최상수, 「배뱅이굿 대사(1)」의 '전언', 180면.

이은관이 김성민과 달리 이인수뿐만 아니라 김종조의 또 다른 제자 최순경에게도 배웠다는 점도 그렇지만, 이은관이 월남한 후 배뱅이굿의 1인자로 부상하면서,[18] 자기류의 첨삭이 많았을 것을 고려해야 한다. 항간에 나도는 판을 얼핏 들어도 1950년대의 이은관 창본에 들어 있지 않은 소리가 꽤 껴들었다. 가령 팔도 무당이 굿하는 거리에 등장하는 장타령이 대표적이겠다. 아마도 그에 의해 배뱅이굿이 유명해진 만큼 그 속화俗化도 빠르게 진행된바, 이인수를 그대로 이은 김성민 창이 고법古法에 더 가까운 것인지도 모른다.

'유본'의 어느 재인. 채록 경위는 이렇다.

> 향리에 갔던 길에 어느 재인(그는 황해도 평산군 인산면麟山面 관북사에 있었으며, 이 놀이는 봉산鳳山 등지에서 배웠다 한다)에게 이 배뱅이굿놀이를 듣고, 필기하여다가 고준考準해본 것이다. 물론 그는 이 사설 내용의 대부분을 무슨 의미인지 알지 못하고, 그냥 구송만 하고 있을 뿐이었다. 그런 것을 필자가 적당히, 한자를 넣고, 약간의 주해를 시험하였다.[19]

---

18 1957년 이은관이 조미령과 주연으로 직접 출연한 양주남 감독의 영화 「배뱅이굿」이 개봉했다. 각본 오영진도 주목되는데, 이은관의 위상을 잘 보여준다. 드디어 이은관은 1984년 배뱅이굿 중요무형문화재로 지정되었다. 김상훈, 「양소운梁蘇云 배뱅이굿 연구」,『민족문학사연구』7호, 민족문학사연구소, 1995, 242면.
19 유인만, 앞의 글, 2면.

위에서 우선 주목할 바는 소리꾼이 재인임을 분명히 한 점이다. 재인이란 중세의 연희 문화를 담당한 예능 집단이다. 천업에 종사하던 무자이[水尺]에서 갈라져 나와 직업적 예능인으로 분화한바, 법제상으로는 양인良人이로되 통념상 천인으로 여겨졌다. 재인은 한편 광대廣大다. "우리 말에 남자 무당을 또한 광대라고"[20] 한다거나, 재인·광대 등과 혼인한 무당을 광대-계집 또는 재인-단골이라고 칭하던 예에서 보듯, 재인/광대는 무당과 멀지 않다. 백정과도 가깝다.[21] 판소리가 그러했듯 배뱅이굿도 바로 이 재인들에 의해 전승·발전되었던 것이다. 팔도재인도청八道才人都廳으로 관리되는 재인은 나라의 동원이 없을 때는 전국을 유랑하며 연희를 팔게 되는데 그 중요한 근거지의 하나가 불교 사원이다. 가령 남사당패의 총본산이 안성安城 청룡사靑龍寺임은 잘 알려진바, 걸립패(비나리패)는 자기들이 관계를 맺고 있는 사찰의 신표信標를 가지고 다녔다는 것이다.[22] 그리고 보면 '유본'의 재인이 관북사에 있었다는 게 예사롭지 않다. 관북사도 혹 청룡사 같은 성격의 절일지도 모르겠다. 배뱅이굿의 시조라 할 김관준이 2대째 승려로 용강군 해운면海雲面 신덕산新德山의 보림사寶林寺 주

---

20 이능화李能和, 서영대 역주, 『조선무속고』, 창비, 2008, 81면.
21 "『대전통편大典通編』에서는 재인과 백정을 같은 항목에 수록했으며, 이를 줄여서 재백정才白丁이라 했다." 위의 책, 82면.
22 심우성沈雨晟 편저, 『한국의 민속극』, 창작과비평사, 1975, 66면.

지[23]라는 점까지 감안하면 재인과 사찰의 관계는 깊다. 황해도의 동남쪽 평야 지대의 한 중심이 되는 평산은 서도로 통하는 중요한 길목에 있는 도시로 사행使行이 묵는 유명한 보산관寶山館[24]이 있었으니 관북사라는 이름 자체가 이 객관과의 연관을 암시하는 듯하다. 사행을 맞이하고 보낼 때, 재인들이 동원되어 백희百戲가 베풀어졌던 것은 주지할바, 이로써 연희판이 융성할 것은 물론이다. 지금은 전승이 끊어졌지만 평산이 봉산과 함께 탈춤이 성행했던 곳[25]이라는 점도 이러한 사정을 반영할 터.

또 하나 주목할 점은 '유본'의 재인이 배뱅이굿을 봉산에서 배웠다는 것이다. 이는 '유본'이 황해도에서 전승되던 독자적 계통을 나타내는 징표로 될지 모르거니와, '유본'에는 다른 본과 달리 해서海西(황해도) 지명이 대거 등장한다.

경상도慶尙道 태백산太伯山 하下에 어떠한 큰 거부장자巨富長者 한 사람이 있으되, 9대째 무당의 자손이었다. 9대째는 크게 성수가 불려오는데, 충남忠南 충북忠北 불려들어, 경기감영京畿監營 돌아들어, 산방사읍山傍四邑 불려들어, 황주 봉산 내려들어, 강변칠읍江邊七邑 돌아들어, 평해연백

---

23 김상훈, 앞의 글, 7면.
24 『신증동국여지승람新增東國輿地勝覽』 권지사십이卷之四十二, 평산도호부 조平山都護府條 참조.
25 이두현李杜鉉, 『한국가면극』, 한국가면극연구회, 1969, 277면.

平海延白 돌아들어, (2면)

　　복심이란 종을 앞세우고,

　　배천白川으로 말하면 소재 같은 데,

　　연안延安으로 말하면 송청 같은 데,

　　평산의 광암 같은 데,

　　신계新溪의 풍요울 같은 데,

　　곡산의 문성 같은 데,

　　수안遂安의 무란이 같은 데,

　　황주의 누르지 같은 데,

　　봉산의 양마동 같은 데,

　　재령載寧의 쑥우물 같은 데,

　　해주의 독굿 같은 데,

　　이러한 큰 대촌을 찾아가서 (7면)

　이 노정기 중 대다수 즉 배천·연안·평산·황주·봉산·재령·해주가 탈춤이 성행했던 곳이다. 해서 탈춤의 앞놀이는 씨름·그네·소리판·땅재주·줄타기 등 썩 흥성스러웠다고 한바, 땅재주와 줄타기는 재인이나 남사당패를 불러서 놀았다는데,[26] 그 소리판에 배뱅이굿이 참예한 것도 자연스러울 듯하다.

26　심우성, 앞의 책, 60면.

'유본'에는 또한 경상도가 자주 출몰한다. 배뱅이 아비인 박수무당의 출신지가 경상도 태백산[27] 아래고, 신분을 감추고 사또로 부임한 곳이 경상도며, 배뱅이와 사통한 중이 경상도 문박산에서 걸립乞粒 나온 '대사大師'다(이은관 창에서는 금강산金剛山 상좌上佐중이다). 이는 황해도 배뱅이굿 구성 작업에 경상도 재인이 일부 참여했음을 반영하는지도 모르거니와, 실제로 지방을 넘는 합작이 발생하기도 했다. 서종문徐鍾文은 「변강쇠가」가 황해도에서 기원하여 남한 판소리로 전입된 경과를 명석히 분석한바,[28] 초기 판소리 명창 중 방만춘方萬春(1925년 충남 해미海美생) 또한 월경적越境的 합작의 흥미로운 경우를 보여준다. 11살에 해미 일락사日落寺에 들어가 10년간 소리 공부하고 다시 22살 때 봉산 어느 절에 들어가 4년간의 독공 끝에 득음한 그는 봉산읍의 어느 율객律客과 같이 「적벽가赤壁歌」와 「심청가沈淸歌」를 윤색·개작했다고 하거니와,[29] 「심청가」의 무대가 황주 도화동으로 바뀌게 된 배경이 혹 이와 연관될지도 모르겠다. 최근에 발견된 『흥보만보록』 또한 「흥보가興甫歌」의 연원이 서도일 수 있다는 또 하나의 예일 것이다. 1830년대에 필사된 이 본은 "현존하는 『흥부전』 이본은

27　태백산은 강원도와 경상북도에 걸친 산이다. 그런데 여기서는 경상도 태백산이라 하여 박수무당의 출신지가 경상도 쪽 태백산임을 명백히 하였음에 유의하자.

28　서종문, 「변강쇠가 연구」, 『창작과비평』 39~40호, 1976, 봄~여름호.

29　정노식鄭魯湜, 『조선창극唱劇사』, 조선일보사, 1940, 30~31면.

물론, 판소리계 소설 중에서도 가장 이른 시기의 모습을 담고 있는 이본"[30]인데, 평양이 배경이다. 평양 서촌의 궁민窮民 장천의 자식 흥부·놀부가 데릴사위로 들어가 이러구러 형 놀부는 망하고 흥부는 흥한다는 식인데, 나중에 흥부는 무과에 급제해 덕수德水 장씨張氏의 시조가 된다는 결말이 흥미롭다. "『흥부전』도 처음에는 서도 지역에서 만들어졌지만 호남湖南 지역이 판소리의 주도권을 갖게 되면서, 배경이 삼남 지역 어딘가로 바뀐 것"[31]일지도 모르매, 요컨대 '유본'은 19세기에 이르러 우리 연희 문화의 일대 중심지로 된 서도와 깊은 관련을 지닌 창본인 것이다.

끝으로 최초의 채록자 김태준 본의 소리꾼 김흥섭을 살피자. 천태산인은 해제에서 말한다.

> 이 극본은 고故 노정蘆汀 김재철金在喆 군이 항상 채집하려고 한 것이었는데, 이번에 평안북도 운산군 동신면東新面 성지동聖旨洞 김흥섭 형님의 구술에 의지하여, 이를 필기하였으니, 흥섭 형 자신의 말씀과 같이 그는 이 능수가 아니므로 다음날에 수정을 더하여야 완전한 것이 될 것이다. 평안도의 방곡에 전하는 향토극으로 매우 귀중한 것이라 하겠

---

30 김동욱, 「해설」, 『흥보만보록』, 문학동네, 2020, 117면. 참고로 이 김동욱은 나손 김동욱과 동명이인이다. 서울대 국문과에서 박사를 수득하고, 이 책 출간 당시 계명대 국문과 조교수로 재직 중이었다.
31 위의 글, 121~22면.

다. 노정 영 앞에 드린다.[32]

김재철(1907~1933)은 한국 연극사의 개척자다. 1931년 이희승·조윤제趙潤濟·김태준 등과 함께 '조선어문학회'를 창립하여 연구에 매진하던 중 26세로 요절했다. 천태산인은「김재철 군을 조弔함」(『조선일보』 1933.1.31)에서 학문적 동지이자 사상적 동지인 노정의 조서早逝를 애통한바, 이 채록은 바로 노정에게 봉헌된 것이다. 노정 서거 이듬해 그의 유언을 집행하는 듯이 수행된 이 작업의 첫째 의의는 운산 곧 평북에서 채집된 배뱅이굿이라는 점이다. 평남 용강에서 비롯되어 평안도와 황해도를 석권한 배뱅이굿이 평북의 내륙 깊숙이에서도 전승된 움직일 수 없는 증거가 바로 김태준 채록본이거니와, 천태산인이 '형님'으로 부른 김흥섭은 누구인가? "능수가 아니"라는 데서 추측컨대, 전문적 소리꾼 즉 재인이 아니라 마을에서는 알아주는 아마추어로 짐작되매, 천태산인 채록본의 첫째 의의는 바로 판놀음으로 유행하던 시기의 배뱅이굿을 보여준다는 점일 것이다. 더구나 가장 이르게 1930년대에 채집된 것 또한 초기 형태를 추론하는 데 미쁜 징검다리일 터.

32 김태준, 앞의 책, 118면.

3. 배뱅이굿의 기원

유몽인柳夢寅(1559~1623)의『어우야담於于野談』(1621)에 매우 흥미로운 이야기가 나온다. 나손이 배뱅이굿의 근원 설화로 주목하고,[33] 최정여가 판소리 광대의 선구적 모습으로 중시한[34] 통윤洞允이다.

> 통윤은 재승才僧이다. 글에 능하고 광대짓을 잘한다. 또 짐승의 소리를 교묘히 흉내 냈다. 일찍이 어느 마을을 지나는데 한 집에서 술과 음식을 갖추고 무녀를 맞아 죽은 혼을 불러 굿을 하였다. 윤이 그 집에 들어 음식을 구하니 주인이 꾸짖었다. 윤이 노하여 몰래 마을 아이들을 꾀어 죽은 이의 나이, 음성과 용모, 친척, 평생의 행사와 작업을 자세히 알아가지고 드디어 그 굿판에 뛰어들어 얼굴빛을 고치고 붉으락푸르락 온몸을 떨며 어지러운 말과 헛소리로 주인을 욕했다. 죽은 사람의 말을 지어 일일이 이르니 친척의 이름을 다 대고 형제·처첩·자손을 모두 분별하여 하나도 어긋남이 없었다. 쓸쓸하고 슬픈 말을 섞어 길흉吉凶과 화복禍福을 일러 급류 같은 말이 입술과 혀에서 흐르니 온 집안이 놀

---

33 김동욱, 앞의 책, 321면.
34 최정여, 「산대도감극山臺都監劇 성립의 제諸문제」, 『한국학논집』 제1집, 계명대 한국학연구소, 1973, 24면.

라고 슬퍼하여 듣는 사람마다 눈을 가리고 통곡하지 않음이 없고 모두 입을 모아 죽은 혼이 강림했다고 하였다. 여무女巫는 기운이 꺾이고 말이 막혀 한마디도 서로 겨루지 못했다. 주인이 상좌上座로 맞이하여 음식과 선물을 극진히 하여 환송했다. 그 후 조정에서 선교 양종禪敎兩宗을 베풀어 팔도의 유명한 승려들을 뽑을새 윤도 거기에 뽑혀 장차 판사判事를 제수하려시더니 그 일이 말썽이 되어 드디어 배척되었다.

또 윤이 어느 달밤에 마을을 지나는데 뭇 협객들이 아가씨들을 끼고 놀았다. 그때에 사람들이 요승妖僧이 정사를 어지럽히는 것을 분히 여겨 머리 깎은 놈만 본즉 욕을 보이곤 하였다. (…) 윤이 가로되, "내 백기百技에 능한데 그중 잘하는 것이 탐화봉접희探花蜂蝶戱라." 뭇 협객들이 즐거이 보기를 원하니 (…) 두 지팡이를 허리 아래 끼워 다리를 삼고 두 소매를 벌려 날개를 삼고 잉잉 소리를 내며 벌처럼 날아 10보를 갔다 돌아오고 (…) 또 100보를 날아 돌아오니 뭇 협객들이 보고 웃으며 믿거라 하고 있었다. 윤이 수백 보를 날아 추격이 불가할 것을 헤아려 지팡이를 던지고 소매를 떨쳐 달아나니 뭇 협객들이 따르나 미치지 못하였다.

중국 사신이 오자 도감都監에서 윤으로 하여금 승군僧軍을 거느리고 홍제교弘濟橋를 고치게 할새 일을 조금 게을리하면 새끼줄로 윤의 머리를 얽어 나무에 다니 윤이 드디어 소리 질러 송아지 울음을 내니 들의 소가 일시에 고루 응하였다. 또 밤 들어 서울에서 잘새 초저녁에 소매로 닭 소리를 내니 뭇 닭이 일시에 날개를 치며 울었다.

정호음鄭湖陰이 그 시권詩卷에 제題하되, "능함이 많고 환술幻術을 잘하는 것은 그 집 일인데 소 울음 닭 소리가 몰록 핍진하다."고 하였다.[35]

이 특이한 승려 통윤은 어느 시대 사람일까? 통윤 설화를 마무리하는 데 등장하는 정호음은 16세기를 대표하는 시인 정사룡鄭士龍(1491~1570)이고, 두 번째 삽화에 나오는 요승은 바로 보우普雨(1515~1565)다. 명종明宗 때 섭정 문정왕후文定王后를 끼고 정사에 깊이 관여한 보우는 억불을 풀고 불교를 크게 일으켰으니, 선과禪科를 통해 무려 4천여 명의 승려에게 도첩度牒을 내린바, 첫째 삽화의 끝에 통윤이 판사가 될 뻔했던 일도 그즈음일 테다.

16세기 중반을 살았던 통윤은 청정한 산승이 아니라 파격의 중이다. 굿판에 뛰어들어 무당 소리를 뽑는가 하면 환술(마술)에도 능하고 성대모사에조차 장기가 있었으니, 어찌하여 이런 승려가 나오게 된 것일까? 최정여는 조선 왕조의 사사혁파寺社革罷

---

35 김동욱 교주, 『단편소설선』, 민중서관民衆書館, 1976, 202~207면. 이 인용문은 교주자의 역문 등을 참고하여 저자가 새로 번역한 것이다.

로 고려 시대 불교 사원 안에서 의식儀式을 담당했던 하품승下品僧
들이 절에서 방축되면서 민간의 재인-광대와 섞여 조선 시대의
연희 담당층의 한 부분으로 된 사정을 고증한바,[36] 유몽인이 통
윤을 '재승'이라고 지칭한 것이 흥미롭다. 재주 있는 승려라기보
다는 재인화한 승려를 가리키는 것이겠다.

조선 시대 연희 문화의 전개에서 재승이 중요한 역할을 맡았
음을 실증하는 귀중한 자산인 통윤 설화 중 배뱅이굿과 직접 관
계되는 것은 첫째 삽화다. 건달 청년이 가짜 무당 노릇으로 배뱅
이 집 재산을 털어먹는다는 배뱅이굿의 핵심을 상기컨대 통윤
삽화는 아주 가깝다. 시간적 간격을 넘어서 유독 평안도와 황해
도, 즉 서도 지방에서만 그 변형·발전이 이루어졌는지 흥미롭다.
아마도 이 설화를 기저로 탈춤을 비롯한 다양한 서도 연희 문화
가 참예하는 적층 과정을 거쳤을 터인데, 서북 차별이 효모다. 도
산 안창호가 가사를 지어 김관준에게 줌으로써 배뱅이굿이 비롯
되었다는 설[37]이나, 김관준 또는 그의 아들 김종조가 「안중근가
安重根歌」를 제작했다가 옥살이를 했다는 설[38]이 떠도는 것도 갑

---

36 최정여, 앞의 글, 14~15면.
37 윤진현, 「배뱅이굿의 창작정신 계승을 위한 첫걸음」, 『플랫폼』 통권 16
    호, 2009년 7·8월. 물론 도산설은 근거가 희박하다.
38 '김종조가 「안중근가」 가사를 지어 엮음조로 처음 불렀다. 그의 제자
    김윤식이 스승을 이었다. 두 사람 모두 일제 경찰에 붙잡혀 3년간의 옥
    살이를 하였다.'(Joseph Park, 「북쪽에서 바라본 애국 열사 안중근」, 『월간 소
    년영웅』, 2015.11, 110면) 이 또한 검증되어야 함은 물론이다.

오경장(1894) 이후에야 본격적으로 서울로 진출하기 시작한 서북인의 독특한 정치적 무의식과 연관될 터.

여기서 잠깐 김상훈이 배뱅이굿의 전신으로 추론한 「기밀경」의 작자 허득선許得善[39]을 살피자. 허덕선許德善이라고도 표기된 이 평양 출신의 소리꾼은 한말 평양은 물론 서울에서도 활약한 서도소리의 대장이다. 한만영이 집필한 그의 약전은 다음과 같다.

생몰년 미상. 평양 출신으로 김관준과 함께 서도소리를 오늘날과 같은 모습으로 발전시켰다. (…) 서울·경기 선소리의 시조라는 의택이와 종대가 평양에서 소리를 하게 되었을 때 이를 듣고 배워 서도 선소리를 만들었고, 널리 유행시켰다. 그의 의발은 김관준이 이어받았다. 그 뒤 그의 소리는 문영수文泳洙·이정화李正華 등 서도 명창에 의하여 서울에서도 유행하게 되었고, 서울의 잡가 명창들도 다투어 배웠다. 그 결과, 경서도창京西道唱이 생겨서 요즈음에는 경기 명창들은 으레 서도소리를 부르게 되었다. 고종과 민비('명성왕후 민씨'가 바른 호칭-인용자) 앞에서 「기밀경」 등 서도 가무를 열연하여, 민비의 주선으로 1882년 왕세자비(이때는 1897년 창제稱帝 이전이니 세자비가 아니라 세자빈임-인용자)

39 김상훈은 허득선의 「기밀경」을 배뱅이굿의 전신으로 추측하면서 「기밀경」이 배뱅이굿에 흡수되었을 것으로 추론한다. 앞의 글, 58~63면.

책봉 때 총순總巡 벼슬이 하사되었다.「기밀경」은 제자인 김
칠성金七星을 거쳐서 김옥선金玉仙에게 전하여졌으나 지금
은 아는 자가 없다. (『한국민족문화대백과사전』)

위 기록은 매우 귀중한 정보를 담고 있으나 의심스러운 대목
들도 없지 않다. 가령 허득선이 1882년 총순에 제수되었다는데,
경무청警務廳의 판임관判任官인 총순은 고종高宗 32년(1895) 때
직제가 설치되었다. 그러매 총순 벼슬이 내린 때는 1882년이 아
니라 갑오경장으로 경무청 직제 개편이 이루어진 1895년 이후
의 일일 것이다. 또한 명성왕후明成王后는 을미사변(1895.8)에 시
해되었으니, 이 일이 사실이라면 사변 이전의 사건일 터다. 하
여튼 어전 공연이 허락될 만큼 서도 소리꾼 허득선의 이름이 서
울에서도 울렸음을 엿보게 하는바, 연희가 잦았던 고종(재위
1863~1907) 시절은 경기소리와 서도소리의 교류가 비할 데 없이
활발했다. 그 축에 허득선이 있었던 것이다. 그리하여 경기소리
의 영향을 받아 진화한 서도소리가 되밟아 서울로 진출하기 시
작했으니, 평양 날탕패는 대표적이다. 한글판 『대한매일신보』
곳곳에 날탕패가 보인다. 고관들이 "평양 날탕패와 사동寺洞(현
인사동-인용자) 홍도패를 불너다가 딜탕히(질탕히-인용자)" 놀았
다는 비판 기사(1908.7.19)로 등장한 날탕패가 곧 기아수양소棄兒
收養所(고아원)를 돕기 위한『대한매일신보사』주최, 단성사團成社

자선공연에 당당히 초청된다. (1909.3.21) 이렇게 서울 연희판의 일원으로 참예한 날탕패의 위상은 식민지 시절에도 이어져,『매일신보每日申報』함경남도 지국(咸南支局)이 주최한 함흥咸興 독자를 위한 대연극회에도 그 이름이 뚜렷하다. (『매일신보』, 1916.8.4) 이 평양 날탕패를 이끈 문영수(1867~1930)와 이정화가 바로 허득선의 제자다. 허득선의 그늘이 깊고 넓다.

또한 주목할 것은 허득선의 레퍼토리에 「기밀경」이 들어 있는 점이다. 원래 판수의 독경 중의 하나로 죽은 망자를 천도하는 내용으로 된 「기밀경」[40]은 서도 소리꾼들이 판놀음의 흥을 돋구는 데 곧잘 등장했거니와, 이름에서 짐작되듯 연희는 연희로되 무속과 긴밀하다. 「기밀경」이 배뱅이굿과 따로이 해방 이후까지 긴 기간 독자적으로 전승된 점을 감안컨대,[41] 배뱅이굿에 흡수되었다기보다는 이은관 배뱅이굿의 성행에 저절로 밀려난 것인지도 모르겠다. 그럼에도 허득선을 축으로 한 서도소리의 서울 진출을 배경으로 배뱅이굿의 대두와 진화의 도정이 활발해진 것이

40 1936년 빅터에서 녹음된 이정렬李貞烈의 「기밀경」 광고문. 평양 기생 출신 이정렬은 서도 명창 김밀화주의 제자다. 북과 요령을 울리면서 불규칙한 4박의 독경 장단에 수심가토리로 구슬프게 죽은 망자의 슬픔을 노래했다.
41 허득선의 「기밀경」이 제자 김칠성으로 다시 그 제자 김옥선에까지 이어졌다고 한다. 그런데 김칠성이 해방 이후 남한에서 중요무형문화재 제29호 서도소리 전승자로 지정된 예능 보유자였음을 감안컨대 「기밀경」은 최근에야 전승이 단절된 것이다.

분명할진대, 통윤과 허득선·김관준 사이의 공백을 근사하게 밝
힐 눈 밝은 후학을 기다린다.

4. 유인만 채록본의 분석

'유본'은 배뱅이가 죽는 데서 채록이 멈췄다. 그 줄거리를 화소
話素로 정리하면 다음과 같다.

(1) 경상도 9대 무당 배뱅이 아비가 황해도에서 무업巫業으로
   치부함.
(2) 과거에 합격하여 경상 감사監司로 나감.
(3) 아전들에게 신분이 탄로 나 쫓겨남.
(4) 황해도로 낙향하여 퇴로退老 재상, 김 정승·이 판서와 결의
   형제함.
(5) 세 동서 모여 자식 없음을 한탄함.
(6) 노구메 정성을 드리고 세 집이 모두 딸을 낳음.
(7) 세 딸의 명명命名.
(8) 배뱅이의 성장.
(9) 배뱅이, 걸립 나온 경상도 문박산 중과 사통함.
(10) 배뱅이, 떠난 중을 그리워하다 병을 얻어 죽음.

'유본'의 서두는 시간적 배경이 자상하다.

> 조선은 개국 304년, 대국大國에는 강희康熙가 25년, 일본
> 원록元祿 8년, 우리나라 숙종肅宗 대왕 즉위 23년, 지금부터
> 240년 전이었다.[42]

한·중·일을 두루 밝혔는데, 오류가 많다. 수정하면, 조선 개국 304년은 강희 34년, 원록 8년, 숙종 21년이니 지금부터 250여 년 전, 즉 서기 1695년이다. 그런데 이 번거로운 시간표로 공연이 1945년의 일임을 알게 된 것은 고맙다. 해방되던 해지만 사설에 그 흔적조차 없고 평산은 해방 이후는 가기 어려운 이북이니 아마도 이 관북사 공연은 8·15 이전의 일이겠다. 하여튼 이 별난 시간표는 재담이긴 해도 식민지 시대 말기의 시공간 인식이 분단 이후와는 달랐음을 가리키는 대중적 지표이거니와, 숙종(재위 1674~1720) 시절이 우리 서사문학의 한 발전적 전기가 되었음을 감안할 때 17세기 말에 원초적 형태의 배뱅이굿이 한 판의 이야기로 짜이는 단초가 열렸음을 지시하는 것일지도 모른다.

이미 지적했듯이 이 본의 특징은 배뱅이 아비 이야기가 독자적 성분으로 된다는 점이다. 이 삽화를 끌어나가는 기본 모티프는 신분 상승이다. 그리고 보면 이 작품에 그의 무당으로서의 성

---

42 유인만, 앞의 글, 2면. 이하 이 글의 인용은 본문에 면수만 표시한다.

격은 매우 약화되어 있다는 점이 눈에 띈다. "동에는 금 노적, 서에는 은 노적, 남에는 쌀 노적, 북에는 돈 노적, 가운데는 금화패물 노적"(2면)에서 보이듯 그의 거부巨富적 면모만 두드러지게 강조된다. 우리 무巫는 대개 무병巫病을 통해 무당이 된 강신降神무와, 혈통을 따라 사제권이 대대로 계승되는 세습世襲무로 나뉜다. 주로 경기 이북에 분포한 전자는 그 신들림이 드세서 굿판에 참가한 사람들을 공포에 가까운 외경에 싸이게 할 정도로 종교적 성격이 강하다면, 주로 충청·전라 등 남부지방에 나타나는 후자는 제의 또는 축제를 주관하는 예능인의 모습이 두드러진 법이다.

그럼 배뱅이 아비는 강신무인가, 세습무인가? 출신지가 "경상도 태백산 하"(2면)이고 "9대째 무당의 자손"(2면)이라면 그는 영남 세습무다. 세습무는 대개 시어머니에서 며느리로 계승되게 마련인데, 이 집에선 남편이 무당이고 배뱅이 어미는 어디까지나 "무당의 여편네"(9면)다. "남자무당을 박수"[43]라 한 예를 따르건대 배뱅이 아비는 더 정확히는 박수다. 박수라도 정통은 아닌 듯하다. 가령 배뱅이 아비를 보좌하는 '상장구데기(장구잽이)'가 그 출신을 밝힌바, "외켠에서는 관노官奴를 20여 대 단기었고, 내켠에서는 사령使令을 40여 대 단긴 놈"(4면)이라는 것이다. 외가는 지방 관청에 소속된 남자 노비인 관노고, 친가는 관아에서 심부름 따위의 미천한 일을 맡아 하는 사령이니, 박수보다 관아 천업이

---

43 이능화, 앞의 책, 77면.

본직이다. 그럼에도 강신무가 드센 황해도에서 무당질로 치부했다니 그만큼 예인적 또는 경영적 재능은 남달랐던 모양이다.

　그리하여 "무당의 자손이라고 업심"(3면)받는 것을 통분히 여겨 부를 바탕으로 신분 상승을 꿈꾼다. 당시 천민층의 동향은 심상치 않았다. 조선왕조의 개창으로 중세체제의 와해는 일단 수습되었지만 그것이 근본적인 해결책은 아니었기 때문에 임진왜란壬辰倭亂(1592~1598)을 전후하여 체제는 다시 동요하기 시작하였다. 백정 출신 임꺽정林巨正의 반란(1559~1562)은 황해도를 중심으로 일세를 진동했으니, 결국 1565년 훈구파勳舊派 정권의 몰락과 사림파士林派 정권의 출현으로 귀결된 터다.[44] 또한 숙종 초, 즉 17세기 말에 들어서는 노비들의 비밀결사인 살주계殺主契 사건에 이어, 승려 여환呂還이 황해도 은율殷栗 출신의 무녀 용녀龍女부인을 내세워 역모를 꾀한 미륵도의 반란[45]이 발발하고, 급기야는 재인 출신의 장길산張吉山이 황해도를 근거지로 대규모 민란을 일으켜 중세체제의 밑바닥을 흔들기에 이른 터다. 요컨대 황해도를 축으로 한 천민층의 심상치 않은 동향이 해서 탈춤뿐 아니라 배뱅이굿에도 일정하게 반영되어 있다고 보아도 무방할 것이다.

44　임꺽정의 반란에 대해서는 임형택의 「홍길동전의 신고찰(상)」(『창작과비평』, 1976, 가을호)과 야자와 고스케矢澤康祐의 「임꺽정의 반란과 그 사회적 성격」(『전통시대의 민중운동(상)』, 풀빛, 1981)이 자상하다.
45　이에 대해서는 정석종의 「조선 후기 숙종 년간의 미륵신앙과 사회운동」(『전통시대의 민중운동(상)』)을 참고할 것.

(1)~(2)는 바로 배뱅이 아비의 신분 상승 이야기다. 여기서 그 현실성을 따질 일은 아니고, 아무런 매개 없이 신분 상승이 그대로 현실화한 이 장면에서 천민층의 해방에 대한 욕구가 그만큼 간절하다는 뜻을 접수하면 그뿐이다. 그런데 흥미로운 것은 4음보의 미끄러운 율문으로 짜인 배뱅이 아비의 급제 장면이 이몽룡李夢龍의 장원 대목과 방불하다는 점이다. 그리고 보면 무당 아비가 천민으로 생애하던 경상도의 감사로 나간다는 게 이도령이 전라 어사로 내려가는 것과 빗대어진바, 이 대목은 「춘향가」의 패러디가 분명하다.

(3)의 핵심은 신분을 감추고 사또로 행세하려는 배뱅이 아비와 신분을 알아차린 아전들의 기발한 대결에 있다. 아전들은 무당 소리조로 현신하고 무당 사또는 "송곳니가 망짝 되도록 갈아 물고"(6면) 무당 소리가 나오는 것을 참다가 결국 냅다 소리를 지르고 머쓱해지고 마는데, 이 장면에는 변卞사또와 대결하는 춘향이의 모습이 얼비치고 있다. 물론 차이는 크다. 춘향이가 끝내 성공하는 데 비해 무당 사또는 실패한다.

판소리는 대개 두 과장으로 이루어진다. 「춘향가」에서 춘향이 이도령과 이별하는 데까지가 앞과장이라면 그녀가 고난을 뚫고 귀부인이 되는 것이 뒷과장이고, 「흥부가」에서는 흥부가 놀부 집에서 쫓겨나 유리걸식하는 것이 앞과장이라면 초월적 힘에 의해 일거에 거부장자가 되는 것이 뒷과장이고, 「심청가」는 심청이 인당수 푸른 물에 빠져 죽는 데까지가 앞과장이라면 죽은 심청을 건져내 황후로 올리는 것이 뒷과장이다. 요컨대 앞과장이 현실이라면 뒷과장은 꿈이다. 이 뒷과장을 현실화하는 것이 근대 서사문학의 길일진대, 춘향이와 달리 신분 상승에 실패하는 무당 사또 이야기는 현실적이다. 사실 신분 상승이란 중세 질서를 부정하면서 긍정하는 것이기 때문에 진정한 해방이라기보다 욕망의 타락된 표현이기 십상이니, 과연 그 실패는 예견된 것이다.「춘향가」가 끝나는 곳에서 배뱅이굿이 시작된다. 배뱅이굿은 「춘향가」 이후다. 무당 아비가 데리고 다니는 '상장구데기' 역시 그렇다. 방자에 비견될 이 인물은 방자보다 훨씬 격렬해서 배뱅이 아비의 출신을 가차 없이 폭로한바, 양반의 하인으로 등장해 양반을 가차 없이 공격하는 해서 탈춤의 말뚝이를 연상시킨다. 탈춤과의 연관을 분명히 보여주는 상장구데기는 이도령을 놀리긴 해도 끝내 충성하는 방자에서 한 걸음 이탈하니, 이 역시「춘향가」의 패러디다. 황해도에서 기원한「변강쇠가」에 이 뒷과장이 나타나지 않는 점은 배뱅이굿과 관련하여 각별히 주목되매, 19세기 들어『이춘풍전李春風傳』이나『옥단춘전玉丹春傳』처럼 서도를 배경으로 하는 소설들이 증가하는 점도 이와 연관될 터. 요컨대 남한 판소리를 이은 서도 판소리에 우리 서사문학의 새 길이 열리고 있던 것이다.

(4)에서 무당 사또는 황해도로 낙향한다. 구체적으로 어느 곳

인지 분명치 않으나 노정기가 해주의 대촌大村 독굿에서 그친 것을 생각하면 해주쯤일 것이다. 율곡栗谷 이이李珥와 연암燕巖 박지원朴趾源과도 인연이 깊은 황해도의 수부, 해주는 부재지주들의 도시니 그가 안거할 맞춤의 장소다. 과연 그는 퇴로재상들과 결의형제함으로써 오히려 양반 신분은 더욱 단단해지니, 그는 완패하지 않았다. (1)단락에서 (4)단락에 이르는 배뱅이 아비의 면모를 도식화하건대, '가난한 천민→부유한 천민→권세 있는 양반→권세 없는 양반'이니, 오히려 성공했다고 보아도 좋다. 신분 상승에 대한 욕구를 이 정도 선에서 타협하고 마는데, 춘향이의 현실태라고도 할 이 마지막 단계의 '권세 없는 양반'이라는 타협이야말로 현실적이다. 중세체제와의 전면적 대결 속에 비극적인 최후를 맞는 「최병두 타령」(1908)의 최병도[46]와 대비하면 배뱅이 아비는 춘향이와 최병도 사이쯤에 들 것이다. 그런데 무당 사또 이야기에 통윤이 엿보이는 점이 흥미롭다. 경상도 세습무로되 과거에 급제할 정도로 "글은 유족裕足"(4면)하다는 것은 재승 통윤이 정호음과 교유할 정도로 능문能文한 것과 연락되고, 경상 감사로 나갔다 신분이 탄로 나 쫓겨난 것은 가짜 무당 노릇이 문제가 돼 판사判事에서 배제된 일과 엇물리기 때문이다. 배뱅이 아비 이야기는 요컨대 「춘향가」와 통윤 설화를 동시에 패러디한 셈이다.

(5)에서 (10)까지는 다음 세대 배뱅이 이야기다. 그 핵심 화소

46　졸고 「은세계연구」, 『민족문학의 논리』, 창작과비평사, 1982.

는 배뱅이가 중과 사통하는 것이다. 이런 이야기는 흔하다. 전국
적으로 분포한 서사무가 「제석본풀이」가 대표적이다. 서천서역
국 열두 대문, 열두 담장에 둘린 댁에서 귀하게 길린 당금애기가
쉰셋 부처님이 절을 지은 금강산에서 공양 나온 시준님의 계략에
임신하고 온갖 고난 끝에 세 쌍둥이는 잘 키워 삼불제석三佛帝釋이
되고 당신은 출생의 신, 삼신이 된다는 이 신화는 천신과 지신地神
이 결합해 신시神市를 열었다는 우리 건국 서사시의 변주다. 시준
님은 불교의 옷을 입은 환웅桓雄이고, 당금애기는 그 지상의 짝
이 되는 웅녀熊女, 곧 대지모신大地母神(the Great Earth Mother)이
다. 이에 비하면 배뱅이는 신화적 위엄이 많이 빠졌다. 그럼에도
시주를 빙자하여 당금애기를 겁탈하는 「제석본풀이」와 달리, 배
뱅이굿에서는 배뱅이가 중을 유혹한다는 점이 각별하다. 아비의
고투 덕에 배뱅이는 양반댁 귀한 아가씨로 성장했다. 총명해서
유교적 교양도 각근하다.

칠팔 세가 되니, 뒤 후원에 별당을 짓고, 독선생을 앉히고
글을 가르치는데, "하늘 천"하면 "온 호乎, 이끼 야也"까지
알겠다. 천자千字 · 유합類合 · 동몽선습童蒙先習 · 사략史略 · 초
권初卷 · 시전詩傳 · 서전書傳 · 논어論語 · 맹자孟子를 불과 수년
내에 무불통지無不通知하니, 배울 것이 없어서 (10면)

이런 규수가 "하夏 4월 초파일쯤" 시주차施主次 나온 중이 "비록 중이나 남중호걸로 생겼거든"(11면)하며 그대로 내당에 끌어들여 상관하고 마니, 넘치는 생명력이 유교적 교양을 압도하던 것이다. 이 점에서 배뱅이라는 이름의 내력이 흥미롭다. "우리 아이는 억척대려서 한 번 백百의 백곱 배뱅이라고 짓겠소."(10면) 그 아비의 말대로 배뱅이는 백의 백곱처럼 "억척"의 여성, 가부장제로 훈육되지 않는 대지모신의 후예다.

중은 완전히 수동적이다. 「제석본풀이」의 시준님에 비할 바 없이 속화한 인물인 것이다.

낮이면은 벽장에 가두고, 밤이면은 같이 자고 이렇게 지내는데, 하로는 비가 부실부실 오는 날 중을 끄내놓고

"천상연분에 백년가약을 맺었는데, 어찌 징역 생활만 하겠느냐. 어디로 갑시다."

중이 하는 말이

"내 머리가 무르팍 같은 놈이 널 데리고 10리도 못 가서 어떤 나리한테 띄면, 볼기 무료로 30도度 맞을 텐데 너를 어찌 데리고 가겠느냐. 내가 가서 머리를 길러 가지고 들어옴사."

하고 나가버렸다. (12면)

그녀의 종 복심이에게 "저 대사님하고 나하고 천상연분天上緣分

에 백년가약을 맺"겠다고 당당하고 엄숙하게 선언했듯이, 이 담대한 아가씨 배뱅이가 중을 끌어들인 것은 한때의 희롱이 아니었다. 답답한 양반 규수 노릇을 넘어 사람답게 살고 싶었으니, 그녀는 중세적 질곡에 싸움을 건 투사다. 그러나 출분出奔을 제안하는 데 놀라 중은 도망친다. 가만히 보면 중은 애초부터 정열이 없었다. 처음 배뱅이가 중에게 대청에 오르기를 권하자 "벌을 주시려면 태상벌(봉산 평야, 원주原註) 같은 벌을 주시고, 죄를 주시려면 되포 말포 섬포 주시길 바랍니다"(11면)라고 재담을 할 때 이미 알조다. 염복이 튼 것으로 알았으니, 중은 "남중호걸"이 아니었다. 그녀의 사랑은 파탄에 이른다. 그녀의 삶 또한 어미의 부지깽이에 머리를 맞아 종언을 맞이한다.

무당 아비가 천대받으며 모은 재산이나 그토록 어렵게 획득한 신분 같은 것에는 아랑곳없이 오직 하늘이 주신 본마음에 충실했던 배뱅이 이야기는 그 아비의 이야기와 선명히 대비된다. 신분 해방이 아니라 신분 상승을 통해 중세 질서와 타협한 아비의 한계를 넘어 그녀는 중세적 질곡과 부딪쳐 파멸에 이르매, 이 비극적 파국을 통해 배뱅이굿은 근대 서사에 더욱 다가선다. 나는 앞에서 그 아비의 이야기에서도 판소리의 뒷과장에서 나타나는 이상주의가 한풀 벗겨져 있다고 지적한바, 그녀의 이야기에 이르러 이 이상주의는 아주 사라져 버리고 만다. 요컨대 천민 춘향이가 신분 상승에 성공하는 것으로 마감하는 「춘향가」에 비해,

신분 상승에 성공한 한 가족이 겪는 비극까지 드러낸 배뱅이굿의 근대성이 종요롭다.

안타깝게도 '유본'은 여기서 끝난다. 비록 뒤가 허전해도 이 본에만 온전히 전승되는 무당 사또의 이야기만으로도 '유본'의 가치는 막중하거니와, 배뱅이 이야기도 소중하다. 중과 사통하는 장면이 누락된 김성민 창본이나, 자기검열의 흔적으로 사통 대목을 띄엄띄엄 짠 이은관 창본과 대비할 때 배뱅이의 생생력을 생생히 전한 '유본'의 의의는 더욱 소중타.

5. 이은관 창본[47]의 분석

화소를 요약하면 다음과 같다.

(1) 옛날 서울에 이 정승, 김 정승, 최 정승(배뱅이 아비)이 살았다.
(2) 삼 정승 부인이 모여 자식 얻기를 의논함.
(3) 삼 정승, 황해도 곡산으로 낙향하여 산천기도로 모두 득녀.
(4) 세 딸의 명명.
(5) 세 딸의 성장.

47 이은관 창본은 김동욱 채록본과 최상수 채록본이 있다. 비교 결과 후
    자가 더 충실하여 후자를 텍스트로 삼는다. 이하 '이본'으로 약칭한다.

(6) 배뱅이, 걸립 나온 금강산 상좌上佐중[48]과 사통함.

(7) 중 떠나고 배뱅이 득병함.

(8) 배뱅이의 장례.

(9) 각도 무당의 굿.

(10) 기생집에서 탕진한 평양 건달의 유랑 길.

(11) 건달이 배뱅이 동네 주막집에서 배뱅이 내력을 앎.

(12) 배뱅이 굿판에서 건달이 가짜 무당질.

(13) 건달이 배뱅이 집 재물을 털어 귀향함.

'이본'은 '유본'과 달리 「산염불」로 시작된다. 해서 지방의 대표적 민요의 하나인 「산염불」은 원래 불가에서 외우던 화청제 和請制가 민간으로 퍼져 속화한 노래인데, "에헤야 에헤야 아미타불이라 아"라는 후렴이 붙는 평양제와, "니나누요 나누난실 나요 나나누난실 산이로다 아"라는 후렴이 붙는 개성開城제로 나뉜다.[49] 그런데 이 서두의 「산염불」은 "아헤헤에 에헤야 타허허야 염불이로다"라는 후렴으로 보아 평양제에 가까운 것 같다. 서도 사람들은 남녀노소 할 것 없이 잘 부른다는 이 노래는 하염없이 슬프고 늘어져 배뱅이굿의 한 분위기와 썩 어울린다. (1)에서 주목할 것은 배뱅이 아비의 내력이 쑥 빠지고 '유본'에서는 성조

48 출가한 지 얼마 되지 않은 수습 기간 중의 예비 승려.
49 성경린·장사훈 편, 『조선의 민요』, 국제음악문화사, 1949, 186면.

차 없던 그가 어엿한 서울 양반 최 정승으로 신분이 상승한 점이
다. 이 변모가 천민으로 설정되었던 춘향이 차츰 양반층에 애호
되면서 서녀庶女일망정 성成 참판의 딸로 오른 것과 혹 유사한 것
은 아닐지.

(2)는 간단하다. '유본'에서는 세 동서가 모여 무자식을 한탄하
는 대목이 요란하다. 그들을 은근히 비꼬는 드난살이 하는 여자
들 수다까지 껴 장면이 입체적인데, 이은관은 과감히 생략한다.

(3)에서 무대는 곡산으로 바뀐다. 명산대천名山大川에 기자祈子
하기 위해 삼 정승이 낙향하는데 삼 정승 부인들이 산천기도 들
어가는 대목이 무슨 여인네들의 꽃놀이 같다.

> 목욕재계를 정히 하고, 세류細柳 같은 가는 허리, 한 님 덤
> 북 이고서, 산천기도를 들어가누나. (…) 이때는 어느 때냐,
> 양춘가절 봄이로다.[50]

'유본'의 절실한 분위기는 사라지고 화사하게 처리되었으니,
해학적으로 확장된 해산 장면에서도 그 특징은 다시 확인된다.
이 대목이 심청이 어미의 출산 장면과 유사하다는 점에도 주목
할바, 배뱅이굿에 남한 판소리의 영향이 곳곳에 보인다.

50 최상수, 「배뱅이굿 대사(2)」, 『민속학보』 2집, 1957.6, 229~230면. 이
    하 이 책의 인용은 본문에 면수만 표시했다.

(4)에서 재미있는 것은 배뱅이 이름의 해석이 '유본'과 사뭇 다르다는 점이다. "하얀 백발노인이 달비(가발) 한 쌍을 받아서 치마폭에 배배 틀은 꿈을 꾸어 낳았다고"(223면) 배뱅이라고 명명하니 싱싱한 생명력을 기리는 '유본'과 달리 불길한 이름이다. 앞으로 다가올 배뱅이의 비극을 운명적으로 예비하는 복선인 셈인데, 이미 시집가서 잘 사는 세월네·네월네와 달리 배뱅이만 노처녀 노릇을 하는 것으로 설정된 (5)에서도 그 파국은 예고되고 있는 것이다.

(6)과 (7)이 이본의 핵심이다. '유본'에 비해 섬세하게 짜여진바, 이 부분을 요약하면 다음과 같다.

가. 금강산 상좌중이 배뱅이 집 앞에서 염불함.

나. 배뱅이와 상좌중이 눈맞음.

다. 상좌중의 상사병.

라. 주지가 상좌중을 돕기로 함.

마. 중들이 채독[51] 속에 상좌중을 넣어 배뱅이 집으로 감.

바. 중들이 걸립한 밀가루 넣은 것이라 속이고 최 정승에게 채독을 맡김.

사. 최 정승, 채독을 가장 정결한 배뱅이 방에다 둠.

---

51 싸릿개비나 버들가지 따위를 엮어서 독이나 항아리 모양으로 만들고 안팎으로 종이를 바른 채그릇.

아. 배뱅이가 물레질하며 상좌중을 그리워하는 노래를 부름.

자. 상좌중이 화답함.

차. 배뱅이와 상좌중의 결연.

카. 몇 달 후 상좌중 봉산으로 떠남.

타. 기다려도 오지 않자 배뱅이 득병함.

파. 배뱅이 어미에게 죽음을 예고하고 요절함.

'유본'에 비해 이야기는 아기자기한데 배뱅이의 형상은 상대적으로 온건해졌다. '유본'의 그녀는 자기 운명의 주인으로서 당돌하고 당차다. '이본'에서는 양반집 규수에 가깝다. 상좌중을 보고 첫눈에 반하지만 사랑을 이행할 결의와 정열은 부족하다. 상좌중도 마찬가지다. 육관대사六觀大師가 나서서 문제를 해결하는 『구운몽九雲夢』의 성진性眞처럼 주지와 동료 승려들의 개입으로 두 연인이 맺어진바, '이본'의 배뱅이는 운명의 노예 비슷하게 된 셈이다. 또한 배뱅이 가족 안의 갈등도 실종됐다. 요컨대 배뱅이 이야기의 핵심이 모호해져 마치 어느 양반집에 닥친 재난 비슷하다.

(9)~(13)은 가짜 무당 노릇을 하는 건달 이야기다. 이 대목은 김성민 창본이 더 정비되어 여기서는 생략하는데, 하나 지적해 둘 게 있다. 배뱅이굿을 창안한 평안도 소리꾼 김관준을 계승한 정통임에도 불구하고 이은관 창본에는 황해도가 두드러진다,

해서 민요을 대표하는 「산염불」로 시작하고 끝내는 것이나 삼
정승이 곡산으로 낙향한 것이나. 원래 그랬는지 이은관이 변용
했는지 앞으로 밝혀져야 할 곳인데, 황해도와 접경한 강원도 이
천 태생으로 황주에서 배뱅이굿을 배운 이은관의 이력을 상기컨
대 평안도에서 기원한 배뱅이굿이 황해도에서 일대 진화의 길을
걸은 흔적이 아닐까? 가장 우수한 '유본'의 존재조차 감안하면
더욱 그럴 듯도 하다.

6. 김성민 창본의 분석

'김본'으로 약칭할 이 창본의 단락부터 우선 나눠보자.

(1) 옛날 서울에서 벼슬하던 이 정승, 박 정승(배뱅이 아비), 김
    정승이 시골로 낙향함.
(2) 부인들이 대감들에게 자식 얻기를 위해 산천기도를 청함.
(3) 기도와 태몽과 딸들 해산.
(4) 명명.
(5) 배뱅이의 성장.
(6) 배뱅이의 시집갈 준비.
(7) 배뱅이의 득병과 죽음.

(8) 배뱅이의 장례.

(9) 팔도 무당굿.

(10) 평양 사람 이광옥李光玉이 기생방에서 재산을 탕진하고
    남쪽으로 내려옴.

(11) 이광옥이 주막집에서 배뱅이 내력을 앎.

(12) 이광옥의 가짜 무당질.

(13) 이광옥이 돈 벌어 귀향함.

'김본'에도 배뱅이 아비 이야기가 빠져 있다. 그런데 배뱅이 아비가 박 정승이다. 세월이·네월이 아비의 성은 세 본이 일치하는데 유독 배뱅이 아비는 무당('유본'), 최 정승('이본'), 박 정승('김본')으로 갈리는 것은 그의 출신이 남다르다는 것을 나타내는 흔적인 듯싶거니와, 또 하나 흥미로운 것은 삼 정승이 낙향한 장소가 모호하게 처리된 점이다. '유본'에서는 배뱅이 아비가 경상 감사에서 쫓겨난 뒤 황해도로 낙향하여 택리擇里하는 과정이 자세하다. 경기도와 접경한 황해도 동남쪽의 배천·연안에서 출발하여 동북쪽으로 평산·신계·곡산을 거쳐 다시 서쪽으로 수안·황주에 닿고, 거기서 남쪽으로 꺾어 봉산·재령을 경유하여 결국 해주에 정착한다. 구체적 노정이 생략된 '이본'에서는 그래도 곡산으로 명확한데, '김본'은 그냥 시골이다. 대신 평양은 세심한 배려를 받는다. '이본'에 비해 가짜 무당 이야기가 대폭 확장된바,

'김본'의 줄가리는 양반집을 골탕 먹이는 평양 건달의 이야기다. 이 점이 '김본'의 귀중한 가치다.

이 때문에 배뱅이 이야기는 아주 소홀하다. 핵심 화소라고 할 중과 사통하는 장면이 쑥 빠지고 우연히 득병하여 죽음에 이르는 것으로 설정되었다. 또한 "비둘기 한 쌍 내려온 것을 받아가지고 이것 모가질 배배 틀"[52]어서 배뱅이라니, 태몽이나 이름이 '이본'보다도 끔찍하다. 배뱅이와 그 집에 닥친 재난에 대해서 소리꾼은 한치의 동정도 아끼매, 팔도 무당 굿하는 데서도 풍자적 어조가 전경화한다.

어리석은 배뱅이 어머니 아버지는 죽은 배뱅이 혼이 와
서 말한단 말을 듣고 석 달 열흘 백날을 굿날을 받아서 팔도
무당을 모아들여 굿하기 시작하는데 (204면)

그리하여 '김본'은 셋째 이야기 건달 청년에 집중된다. 그에게 처음으로 이광옥이란 이름이 주어지는바, 그 내력도 부연된다.

평양 사원 파발거리에 사는 이광옥이란 사람이 있는데
재산은 그때 돈으로 백만금이요. 그 많은 재산을 산, 논, 밭,

---

52 최상수, 「배뱅이굿 대사(1)」, 『민속학보』 1집, 1956.5, 183면. 이하 이 책의 인용은 면수만 표시했다.

집, 전부 팔아가지고 평양 일등 기생집에 가서 기생을 다리

고 다 없애먹기 시작하는데 3년이 못 가서 그 많은 재산은

기생 살림에 다 없앴습니다. (207면)

　사원 파발거리는 아마도 평양 근처의 역촌驛村인 듯하니 그 신
분은 천하다. 그러나 백만금을 뿌리고 돈 떨어져 기생이 천대하
자 미련 없이 떠나는 그는 호방하다. 3년 만에 만난 본처를 향해
큰소리치는 모습은 더욱이 가관이다.

　　마누라 우지 마시오. 내가 이제는 돈을 다 없앴으니까 이

　　제부터는 한 푼이라도 벌면 벌었지 없앨 돈은 없으니까 걱

　　정 마시오. 부인이 어린 장손을 하나 잘 길러주면 내가 이 길

　　로 다시 떠나서 삼 년 만에 돌아오면 돈을 벌어 가지고 오는

　　사람이오. 삼 년이 넘으면 내가 죽은 줄 아시오. (226면)

　소리꾼은 이 인물에 대해 일체의 풍자적 시선을 거두니, 모란
봉 돌아가며「수심가愁心歌」한 자락으로 평양을 떠나가는 이광
옥이란 건달이 생생하게 살아나던 것이다.
　(11)에서 그는 배뱅이 동네 주막집에 나타난다. 주막집 노파에
게 외상술 안 준다고 행패를 부리다가 배뱅이 집 내력을 알게 되
는 이 대목도 '이본'에 비해 훨씬 재미있게 짜여졌다. '김본'이 건

달 이야기에 관한 한 잘 정비된 바디를 갖추었음이 다시 확인되는바, (12)가 배뱅이굿의 절정이다. 널리 알려진 터라 자세한 검토는 생략한다. 다만 가짜 무당이 풀어야 할 난제가 하나 더 추가되었다. 배뱅이 아비 갓을 골라내는 데서 끝나는 '이본'과 달리 굿 보러 온 이웃집 할머니의 부탁으로 잃어버린 큰 양푼을 겨우 찾는 장면인데, 극적 재미도 재미려니와, 이광옥의 능력을 더욱 추어주는 데 방점이 있을 것이다.

그리하여 대단원(13). "배뱅이 집 재산을 가지고 돌아가면서 배뱅이 어머니 아버지가 속아가지고 서러워하는 것이 가엾기도 하고, 우습기도 하고, 애석하기도 하니까, 사원 파발거리로 돌아가면서"(226면) 이광옥이 부르는 「산염불」한 마디로 마감한다. '김본'도 '이본'처럼 「산염불」로 열고 여미는데, 앞소리 「산염불」과 뒷소리 「산염불」이 대비적이다. 전자가 본래 「산염불」처럼 슬프게 늘어지는 가락이라면 후자는 해학적이고 유쾌하다.

이 변형의 의미를 음미하건대, '김본'의 메시지는 무엇인가? 이를 단지 미신타파로 풀면 제한적이다. 일체의 중세적인 것이 무의미한 이 호협한 이광옥은 오로지 자기 기지로 지배층을 골탕 먹인 한국형 피카로를 대표할 봉이 김선달을 연상시킨다.[53] 봉이 또한 평양 출신이니 이광옥은 바로 그 계보다. 나는 '유본'을

53 졸고「봉이형 건달의 문학사적 의의: 피카레스크의 가능성」,『한국근대소설사론』, 창작사, 1983, 185~213면.

분석하면서 배뱅이가 그 아비로부터 한 걸음 전진한 단계의 인간상이라고 지적했거니와, 이광옥은 그녀로부터 다시 한 걸음 나아간 인간형이다. 근대로 전진하는 계기적 단계를 보여주는 배뱅이 아비, 배뱅이, 이광옥 이야기는 근대를 이미 머금은바, '김본' 배뱅이굿을 여미는 이광옥의 유쾌하고 풍자적인 「산염불」은 그 생생한 상징으로 된다. 배뱅이굿이 비록 완숙한 지경에 이르지는 못했다 할지라도 남한 판소리와는 다른 도정을 밟고 있다는 점 또한 다시 기억할 일이다.

7. 김태준 채록본의 분석

마지막으로 천태산인 김태준 본(이하 '천본'으로 약칭), 우선 단락부터 정리하자.

(1) 배뱅이가 꿈을 꾸고 급사함.
(2) 배뱅이 어미가 무당 사또(서울 조 판서 아들 섬석이)에게 하소연함.
(3) 무당 사또가 팔도 무당 굿을 권함.
(4) 거지 총각이 배뱅이 유모 주막집에 들름.
(5) 유모에게 배뱅이 내력을 들음.

(6) 총각이 굿판에 뛰어들어 무당 노릇을 함.

(7) 가짜 무당이 배뱅이 아비 갓을 찾음.

(8) 가짜 무당이 배뱅이 예물을 배뱅이 친구들에게 나눠 줌.

(9) 가짜 무당이 재물을 얻고 떠나감.

'천본'은 부제에 '평안도 민속극'으로 명기했음에도 시간과 공간을 특정하지 않는다. 다만 곳곳에 평안도 방언을 노출해 부제를 뒷받침할 뿐인데, 줄거리도 가장 소박하다. 무당으로 치부한 배뱅이 아비 이야기도 없고, 중과 사통하다 요절하는 배뱅이 이야기도 없다. 바로 배뱅이 죽는 데서 시작한다. 그런데 배뱅이 아비 대신 배뱅이 고을 원님이 무당 사또다.

> 조 판서의 아들 섭석이가 그 두 형은 다 외방으로 나가고, 섭석이는 건달박사로서 처음 외방을 벌어서 배뱅이 사는 골 원이 되어 도임한 지 사흘 후였다.[54]

무당 사또가 뜻밖에도 서울 조 판서의 셋째 아들 섭석이다. 소리꾼은 그를 '건달박사'로 지칭한다. 건달은 음악의 신 건달파 乾闥婆라는 불교적 기원을 지닌 말이고, 박사는 남자 무당을 일

---

54 김태준, 「극본 배뱅이굿」, 『한글』 2권 1호, 1934; 『김태준전집 2: 산문』, 보고사, 1990, 118면. 이하 이 글의 인용은 이 책의 면수만 표시했다.

컫는 박수이매, 경상도 세습무일 '유본'의 무당 사또와 달리 섬석이는 강신무다. 서울 양반의 자제가 무병을 앓고 박수가 된 드문 경우이거니와, '유본'에 보인 무당 사또가 '천본'에 이미 등장한다는 점이 흥미롭다. 배뱅이 아비 이야기가 독립된 단락을 이루는 '유본'에 비해 '천본'에서는 배뱅이 어미에게 팔도 굿을 하라는 처방을 내리는 그 고을 사또로 변형된 채 축소되었다. 그런데 무당 사또 화소가 또 하나의 해서형海西型, '양소운梁蘇云 (1924~2008) 창본(양본)'[55]에는 또 다른 변형을 보인다. 평양 사는 조 참판參判[56]의 아들 조뻥뻥이가 등장하는데, 무병을 앓고 박수무당이 되어 아랫녘 군수로 내려갔다가 아전들에게 신분이 들통나 쫓겨나자, 배뱅이 집을 속여먹는 가짜 무당 노릇을 맡던 것이다. 요컨대 '천본'에 처음 드러난 무당 사또 화소가 '유본'에서는 배뱅이 아비 이야기로, '양본'에서는 배뱅이 집을 속이는 가짜 무당 이야기로 변형된바, 백정이 황해도로 내려오면서 각기 진화를 거듭하는 모습이 '유본'과 '양본'에 약여하다.

'천본'의 가짜 무당 화소도 주목에 값한다. 평양으로 특화된

---

55 김상훈은 「배뱅이굿 연구」에서 김태준 채록본·김용훈金龍勳 창본과 함께 황해도 재령 출신으로 해주에서 전통 예능를 익힌 양소운 구술본을 처음으로 발굴하였다. '양소운 창본'은 '유본'과 다른 해서형 배뱅이굿을 엿볼 귀중한 자료다. 132~148면. 김상훈은 또한 양소운 완창본 배뱅이굿을 발표하였다. 『민족문학사연구』 5호, 민족문학사연구소, 1995, 253~69면.
56 조선 시대, 육조의 종이품 벼슬을 이르던 말, 현 차관.

'김본'과 달리 여기서는 출신지가 불명인 거지 총각이다. 배뱅이 유모를 위협하는 장면에 보이듯 그는 왈패에 가까워, '김본'의 이광옥을 닮았다. '천본'은 방언 자료로도 귀중할바, 평안도 방언이 물씬한 유모의 주막 장면을 잠깐 보자.

> 총각 "여보 또 한 잔만 주우."
>
> 유모 "여보시, 돈만 내시다나. 돈 곧 내면 어련히 안 주겠습마."
>
> 총각 "애 이년, 개쌥으루 나온 보살년 같으누라구, 사람 난 이후에 돈이지, 너는 돈만 아느냐." (벌칵 늘어세서, 유모의 곁에 놓은 술병을 쳐서 깨트리려 하였다)
>
> 유모 (술병을 밀어 마려주면서) "님재 잣고 싶은 대로 자시엣소웨."
>
> 총각 (한 잔 두 잔 석 잔…… 부어 먹더니 취해 눕는다) "애 취했군."
>
> 유모 (너무 어이없어 잠깐 말없이 있다가) "이년어 팔자는 무슨 팔잔가. 그다지도 기박해서 배뱅이 젖을 먹여 주고 냥식을 구해 먹었더니 배뱅이가 죽을 꿈을 꾸고 죽어서 막걸레 당사나 해먹을냈더니, 것도 못해 먹겠구나." (119면)

섬석이가 배뱅이네를 돕는 선신이라면 거지 총각은 악신이다. 유모에게 배뱅이 내력을 알아내 배뱅이네 재산을 털어먹는 대목은 두루 아는바, 독식하지는 않는 점이 재미있다. 약혼한 배뱅이가 받은 귀한 예물들은 모두 세월네·네월네를 비롯한 동리 처녀들에게 분배하니 병도 주고 약도 주는 셈이다. 그만큼 거지 총각의 존재감이 커지매, '천본' 역시 '김본'처럼 건달 중심이다. 이 점이 평안도 배뱅이굿의 특징이 아닐까 싶다. 좀 과감하게 가설을 세운다면 평안도에서 황해도로 퍼지면서 복화複化의 도정을 밟았을진대, 김태준 채록본(평북 운산에서 채집)→김성민 창본(평남 용강에서 배운 것을 서울에서 채록)→이은관 창본(황해도 황주에서 배운 것을 서울에서 채록)→유인만 채록본(황해도 봉산에서 배운 것을 평산 공연에서 녹취)으로 배뱅이굿의 차례를 세울 수도 있겠다.[57]

요컨대, 서도소리의 대두를 상징할 배뱅이굿의 출현과 진화는 조선 말기에 이르러 서도를 배경으로 한 소설이 증가하는 것

---

57 김상훈은 "배뱅이굿의 원형은 (…) 건달 이야기만으로 짜여졌"다가 1920·1930년대에 무당 사또 이야기와 배뱅이 이야기가 추가되었으리라는 가설을 제출한바(「양소운 배뱅이굿 연구」, 『민족문학사연구』 5호, 민족문학사연구소, 1995, 244~45면), 앞으로 규명되어야 할 쟁점이다. 얼핏 의문이 드는 것은 이은관이 스승 "이인수 창 배뱅이굿의 3분의 1밖에 창하지 못한다고 고백"(김동욱, 앞의 책, 418면)한 점이다. 이를 감안컨대, 초기 배뱅이굿이 배뱅이 이야기도 빠진 채, 과연 건달 이야기만으로 내용을 채울 수 있었을지 의아하기는 하다. 눈 밝은 후학의 참구參究를 기대한다.

과 연계되는 동시에, 우리 신문학의 형성과 발전에 서북 출신 작가들이 새로이 맡은 역할을 설명할 전조 또는 병행으로서도 귀중하다.

자료

1. 김태준 채록본
2. 유인만 채록본
3. 최상수 채록본

일러두기

천태산인 김태준(1905~1949)[1]이 채록하여 극본으로 재구再構한 이 자료는 원래『한글』2권 1호/2호(1934)에 분재한 것이다. 1호에 2면, 2호에 1면, 총 3면으로 원제는「극본 배뱅이굿」, 부제는 '평안도민속극'이다. 그 뒤『월간 야담月刊野談』46호(1938.11)에「고극古劇 배뱅이굿」으로 재수록되는데,『한글』본의 평북 방언을 훼손한 두찬杜撰에 가깝다. 나는 전자를 기본으로 하되 후자를 참고하여 가능한 한 정본을 구성하려고 애썼다. 띄어쓰기는 대체로 현대 어법에 맞췄다. 원말씨를 살리고 주를 달아 이해를 도왔다. 그리고 희곡의 작법에 맞춰 인물 이름은 고딕으로, 대화에는 따옴표를 없애는 등 약간의 손질을 했다.『김태준전집 2: 산문』(보고사, 1990)에 실린 영인본 (118~120면)이 저본이다. (최원식)

1   평북 운산 출생의 대표적 국문학자요 혁명가다. 경성제국대학 지나支那어문 학과(중문과) 출신으로 1931년 이희승·김재철·조윤제 등과 함께 '조선어 문학회'를 결성하는 한편,『조선한문학사』(1931)와『증보增補조선소설사』 (1939)를 비롯한 역저를 저술했다. 또한 1939년 결성되어 1941년 해체된 경 성콩그룹(박헌영朴憲永을 지도자로 한 공산당 재건 조직)의 일원으로 복역한 뒤, 1944년 옌안[延安]으로 망명했다. 광복 후 남로당의 지도자로 활동하다 1949년 7월 검거되어 1949년 11월 처형됐다.

1. 김태준 채록본
―「극본 배뱅이굿: 평안도 민속극」

김태준

해제

이 극본은 고 노정 김재철[1] 군이 항상 채집하려고 한 것이었는데, 이번에 평안북도 운산군 동신면東新面 성지동聖旨洞 김홍섭 형님의 구술에 의지하여, 이를 필기하였으니, 홍섭 형 자신의 말씀과 같이 그는 이 능수가 아니므로 다음날에 다소 수정을 더해야 완전한 것이 될 것이다. 평안도의 방곡[2]에 전하는 향토극으로 매

1　한국 연극사의 개척자 김재철은 안동安東인으로 1907년 충청북도 괴산槐山의 지주 가문에서 태어났다. 아버지는 사원思元, 어머니는 고령 신씨高靈申氏. 1928년 경성제국대학 법문학부에 입학해 조선문학을 전공하고, '조선어문학회'(1931)를 창립했다. 1932년 평양사범대학에서 교편을 잡던 중 이듬해 1월 27세 젊은 나이로 요절했다. 졸업논문으로 제출된 『조선연극사朝鮮演劇史』는 최초 한국 연극사로 졸업 후 1931년 4월 15일부터 6월 28일까지 『동아일보』에 연재됐고 1933년 청진서적淸進書籍에서 조선어문학회 총서의 하나로 출간되었다. 김태준은 「김재철군을 조함」(『조선일보』, 1933.1.31)에서 학문적 동지 노정의 요절을 애통했다.
2　坊曲, 이里 단위의 마을.

우 귀중한 것이라 하겠다. 노정 영 앞에 드린다.

등장인물

배뱅이: 열두 살 먹은 색시.

배뱅이 어머니: 약 사십 세쯤 된 설늙은이.3

거지 청년: 남루한 옷을 입은 스무댓 살 되어 보이는 청년.

배뱅이의 유모: 사십 세 가까운 노파.

배뱅이의 동무: 한마을에 사는 색시 4~5인. 하나, 둘, 셋, 모두
　　　　　　　낫살4은 열대여섯 살씩 된 귀여운 색시.

조 판서5의 셋째 아들 섬석이

열두 단골무당과 많은 구경꾼들

제1막 배뱅이집

배뱅이와 배뱅이 어머니는 서로 마주 앉았다.

배뱅이 (어머니 얼굴을 바라보면서) 엄매야, 나는 간밤에 고약하

3　나이는 별로 많지 않으나 기질이 매우 노쇠한 사람.
4　원래 '낫살'은 지긋한 나이를 가리키는데, 여기서는 나이를 가리킨다.
5　判書, 조선 시대 육조六曹의 으뜸 벼슬, 현 장관.

다라.

배뱅이 어머니 뭐엇이?

배뱅이 간밤에 죽을 꿈을 꾸었세요.

배뱅이 어머니 야 이 박살틸[6] 년아, 네게 죽을 꿈이란 말이 웬말
　　　　　이냐.

배뱅이 ……　……　(머리를 숙이고 수집어 아무 말도 못 한다)

그러자 배뱅이는 연고 없이 급작스럽게 꿈과 같이 맥없이 죽
어버렸다. 배뱅이 어머니는 배뱅이를 묻어버렸다. 배뱅이 어머
니는 혼잣말로 무어라고 읊저리면서 한숨을 쉬고 있다.

배뱅이 어머니 (혼잣말로) 웬 팔자람. 이번에 사흘 전에 새로 도임[7]
　　　　　한 원님이 조 판서의 셋째 아들 박사博士[8]라니, 우
　　　　　리 딸이 무슨 원인으로 죽었는디, 들어가서 물어
　　　　　보겠다.

그는 새로 도임한 조 군수를 찾아 아정衙庭[9]을 향하여 가는 길
이었다.

6　'撲殺칠', 곧 '때려죽일'.
7　到任, 지방의 관리가 근무지에 도착함.
8　남자 무당, 박수.
9　지방 관아.

제2막 군수 아정

조 판서의 아들 섬석이가 그 두 형은 다 외방[10]으로 나가고, 섬석이는 건달박사로서 처음 외방을 벌어서[11] 배뱅이 사는 골 원[12]이 되어 도임한 지 사흘 후였다.

배뱅이 어머니 (아정에 꿇어앉아 아린다[13]) 뎌[14]는 이 고을 사는 배
　　　　　　　뱅이 어머니옵더니, 이번에 열둘에 나는 외딸 배
　　　　　　　뱅이가 까닭 없이 죽을 꿈을 꾸고 죽었사옵난데
　　　　　　　듣자오니 이번에 박사님이 내리와서, 원 노릇을
　　　　　　　하신다고 하옵기로, 성주[15] 전前에 들어왔사오니,
　　　　　　　우리 딸이 무슨 원인으로 죽었는디 바른대로 가
　　　　　　　르쳐주소서.

군수 섬석이 (당상에 높이 앉아, 이 아리는 말을 다 들은 후 푸념[16]을
창唱하여 가르쳐준다)

10　外方, 서울 이외의 모든 지방.
11　지방 관직을 얻다.
12　員, 각 고을을 맡아 다스리던 지방관, 절도사, 관찰사, 부윤, 목사, 부사,
　　군수, 현감, 현령 따위를 통틀어 이른다.
13　아뢴다.
14　저.
15　城主는 지방 수령.
16　굿을 할 때에, 무당이 신의 뜻을 받아 옮기어 정성 들이는 사람에게 꾸
　　지람을 늘어놓음. 또는 그런 말.

어허니야!

아속衙屬[17] 삼반三班[18] 사령使令[19]들아!

제금[20] 장고를 다 둘러메라.

오호니야!

너의 딸이 죽을 꿈을 꾸고 죽었으니,

너의 집에 나아가서

열두나 다나 단골[21][巫]을 불러들여

오를 반[22]도 열 두 반

내릴 반도 열 두 반에

스물 네 반 설위[23]하고

뭇네미[24] 대다리[25]를 갈라줘라.[26]

---

17 원문에는 牙屬이나 衙屬으로 교감함. 아속은 지방관아에 딸려 심부름
    하던 사람.
18 원래 삼반(관속)은 지방 각 부군府郡에 속한 향리, 장교將校, 관노官奴,
    사령을 통틀어 이르는 말. 중국에서 지방 관아에 탐색을 맡은 쾌반快班,
    수포搜捕를 맡은 장반壯班, 간옥看獄·고장拷杖을 맡은 조반皂班의 삼반을
    두었던 데서 유래하였다.
19 조선 시대에, 각 관아에서 심부름하던 사람.
20 提金, 놋쇠로 만든 냄비 뚜껑 비슷한 악기로 두 개가 한 벌로 부딪혀 소
    리를 내는 자바라의 하나.
21 굿할 때마다 늘 정하여 놓고 불러 쓰는 무당.
22 盤, 소반.
23 원문에는 '설위'나 設位(자리를 베풀어 만듦)로 교감함.
24 물 너머 있는 곳, 곧 저승.
25 대大다리[橋], 여기서는 다리를 상징하는 흰 베 또는 무명.
26 다리-가름, 죽은 사람이 저승길로 들어가는 다리를 상징하는 일곱 자

배뱅이 어머니 예, 고맙습니다. 그럼, 그대루 집에 가서 하겠습니다.

그는 아정에서 절을 하고 물러 나온다.

제3막 주막

배뱅이 죽은 후 배뱅이 유모는 배뱅이네 집에서도 양식을 타 먹지 못하고, 생활이 퍽 곤박困迫해서 막걸레를 크게 한 병 빚어 가지고 큰길가에 집을 짓고 나가 앉아서, 한 잔에 한 잎씩 받고 술장사를 하였다. 어느 날 한 무트럭[27] 총각놈이 지나가다가, 들어와서 술을 한잔 사 먹었다. 막을 열면 유모와 총각이 서로 마주 앉았고, 총각은 한잔 마시고 빈 잔을 들고 있다.

총각 여보 또 한잔만 주우.

유모 여보시, 돈만 내시다나. 돈 곧 내면 어련히 안 주겠습마.

총각 애 이년, 개썹으루 나온 보살년 같으누라구, 사람 난 이후에 돈이지, 너는 돈만 아느냐. (벌칵 늘어세서,[28] 유모의 곁에 놓은 술병을 쳐서 깨트리려 하였다)

일곱 치의 베를 가르는 의식.
27 아마도 '무뚝뚝한'.
28 벌컥 일어서서.

유모 (술병을 밀어 마텨주면서[29]) 님재[30] 잣고[31] 싶은 대로 자시 엣소웨.

총각 (한 잔 두 잔 석 잔…… 부어 먹더니 취해 눕는다) 애 취했군.

유모 (너무 어이없어 잠깐 말없이 있다가) 이년어 팔자는 무슨 팔자가. 그다지도 기박해서 배뱅이 젖을 먹여주고 냥식을 구해 먹었더니 배뱅이가 죽을 꿈을 꾸고 죽어서[32] 막걸레 당사나 해먹을냈더니, 것도 못 해먹겠구나. (우는 짓을 한다)

멀리 배뱅이네 집에서는 열두 무당의 장고 제금 소리가 들려온다.

총각 (술이 깰 임박에 귀를 기울려[33] 그 소리를 듣더니) 여보 오마니, 뎌게 무슨 소리요.

유모 하, 여기 배뱅이라는 계집이 있었는데, 며칠 전에 죽을 꿈을 꾸고 죽어서 그럽네.

---

29 받쳐주면서.
30 '님자'는 '임자'의 평안도 방언으로, 나이가 비슷하면서 잘 모르는 사람이나, 알고는 있지만 '자네'라고 부르기가 거북한 사람, 또는 아랫사람을 높여 이르는 이인칭 대명사. '님재'는 님자+ㅣ로 '님자가'.
31 자시고.
32 원문은 '죽었어'이나 문맥상 '죽어서'로 교감함.
33 기울여.

총각 여보, 죽을 꿈을 꾸다니, 그거 무슨 말씀이요?

유모 하, 여기 배뱅이 어머니가 무남독녀 외딸을 하나 두었는
데, 갑자기 죽을 꿈을 꾸구 죽어서, 나는 그 배뱅이 젖을
맡겨주구[34] 냥식말이나 주어 먹고 살다가 먹을 탁[35]이 떨
어져서 막걸레 댱세를 하러 여기 나왔더니, 님재 앞에 이
멸시를 오늘 당하네.

총각 (새삼스럽게 회심[36]이 돌아서) 여보, 오늘 제가 대단히 잘못
됐수웨다. 그런데 거 무슨 병이 나서 죽었나요.

유모 병이 나디 않아, 죽을 꿈을 꾸구 죽었답메. 그래 할 수가 없
어서 나는 유모로 있다가 나오고, 저 엄매가 속이 하도 답
답해서 서울 조 판서가 있습더니―그 조 판서가 아들 삼
형제가 있는데, 그 마지막 아들이 섬석이디. 섬석이레 박
사야. 그 삼 형데에서 우에 두 형데는 다 외방살이[37] 가고
마지막으루 섬석이는 갈 곳이 없더니, 요새 이 골 군수루
왔읍네. 그래 배뱅이 어머니가 그 박사레 군수루 왔다는
말을 듣고 문복[38]을 들어가디 않았습마. "소첩은 박사님
이 이번에 원님으로 내리오셨다는 말슴을 듣고 왔삽는데

34 젖 먹이는 책임을 맡고.
35 턱, 마땅히 그래야 될 까닭이나 이치를 뜻하는 북한말.
36 回心, 마음을 돌이켜 먹음.
37 外方살이, 지방관으로 임명된 벼슬아치가 그 지방에 가서 생활함.
38 問卜, 점쟁이에게 길흉을 물음.

76

잘 알아줍소서. 제 딸은 나희 열두 살에 죽을 꿈을 꾸고 죽었사오니, 무슨 니유로 죽었삽는디 알아져여다 하고, 문복하여져이다 하고, 들어왔습네다." 했더니, 박사 말슴이 "오호니야, 너의 딸이 죽을 꿈을 꾸고 죽었고나. 너의 집에 나아가서 열두나 다나 단골을 불러들여 오를 반도 열두 반, 내릴 반도 열두 반에 스물네 반 설위하고 뭇네미 대다리를 갈라줘라." 그래서 배뱅이 어머니가 나와서 열두 단골을 불러다 놓고, 굿을 차려놓아서 저렇게 요란스럽게 군답메.

총각 여보 오마니, 거 좀 단단히 압세다. 무슨 연고 없이 배뱅이 레 거저 죽었나요.

유모 그렇거시다나 배뱅이레 열둘에 나서 죽었으나, 열둘에 나두 녜물[幣帛]³⁹은 받고 죽었습머니.

총각 그런데 그 녜물이 뭣뭣 왔나요.

유모 녜물이 온 게 많디.

총각 뭣뭣이요. 윗저고리 채⁴⁰레 뭣이 왔나요.

유모 윗저고리 채는 명주 저고리 채레 왔습머니.

총각 초매⁴¹ 채는 뭣이 왔나요.

---

39 폐백.
40 옷을 세는 단위.
41 치마.

유모 남방샷도[42] 훝치매 왔습머니.

총각 그밖에는 또 온 것이 없나요.

유모 또 있다. 원앙이[43] 같은 것두 오구. (패물, 노리개) 독구[44] 같
　　　은 것두 오구, 침통[45] 같은 것두 왔디.

총각 다른 건 온 것 없나요.

유모 다리[月子][46]두 두어 쌍 왔습데.

총각 예 여기 좀 가만 이수―나는 나 갈 데루 갑니다. (그는 술이
　　　반쯤 취한 후라, 비틀비틀 배뱅이 집을 향하여 찾아간다)

유모 ……　…… (물끄럼히 총각의 나가는 뒤를 바라보고 앉았다)

제4막 배뱅이 집, 굿마당

배뱅이 집 뜰에는 벌써 몇 시간 전부터 열두 무당이 와서, 제금
장고를 치면서 무어라고 푸념을 하고 있었다. 물론 안팎에 관중이
가뜩 찼다. 총각은 와닥닥 뛰어 굿마당으루 들어가면 공수[47][呪文]
를 디운다.[48]

42　아마도 '남빛 비단'을 가리키는 '남방사주藍紡紗紬'의 평안도 발음.
43　원앙을 새겨 넣은 비녀.
44　도끼처럼 생긴 패물 노리개.
45　향주머니와 향갑, 침통을 갖춘 노리개, 향낭삼작香囊三作.
46　예전에, 여자들의 머리숱이 많아 보이라고 덧넣었던 딴머리.
47　무당이 죽은 사람의 뜻이라고 하여 전하는 말.
48　자신의 것으로 가지게 하다.

총각 (손을 들고 춤을 추어가면서) 오호니야— 오늘날에는 우리 엄매가 나 죽었다고 무넴이 대다리를 갈러준다고 하기에 기밀[49]이레 박사에 실려온다. (양손을 다시 버쩍 들면서 부모 찾는 형상을 한다) 엄매야! 아배야! 다 어디 갔늬.

관중1 뎌게 웬 고약한 놈이 들어와서, 뎔어네.

관중2 뎌 고약한 놈 봐라. (땅을 구른다)

총각 오호니야! 엄매야 엄매야 암만 그래 봐라. 죽었던 배뱅이는 오늘날 다시 왔다.

관중3 야 거 이상하다. 세상에는 대처[50] 희한한 일도 많아. 데게 배뱅이 죽은 줄두 알디 못할 텐데, 배뱅이가 살어 왔노라니 한번 딤맥[51](시험)을 해보자. (그러면서 여러 관중들 속에서 쓰고 있는 갓 열하나를 모아서 쌓아놓고, 윗 밑에 죽은 배뱅이 아버지의 갓을 내놓았다) 네가 만일 배뱅이가 과연 왔으면 배뱅이 아버지 쓰던 갓을 이 속에서 골라[選]내라.

총각 (춤을 추고 돌아가다가 거기 있는 갓에서 첫 한잎을 발에 걸어서 쳐들었다가 다시 탁 눌러 쭈그르트린다) 이 갓은 뉘 갓이냐.

관중들 (모두 자기 갓을 쭈그릴까 봐, 겁이 나서 저 갓을 각각 찾아간

---

49 판수(점치는 일을 직업으로 삼는 맹인)의 독경 중의 하나로 망자를 천도하는 내용인 「기밀경」을 서도 소리꾼들이 소리판에서 불러 흥을 돋우는 일이 있었다.
50 '대체'의 방언.
51 진맥.

다) 이 갓 다 버리겠구나. (거기는 배뱅이 아버지 갓만 남았다)

총각 (그 남은 갓 하나—정말 배뱅이 아버지 갓—를 들고 춤을 추면서) 오호니야! 마후니야 이게 우리 아버지 갓이로구나. 엄매야, 내가 죽을 꿈을 꾸었노라고 할 적에는 정말로 곧이 듣지 않더니, 나는 정말 죽었구나.

배뱅이 어머니 (눈물을 흘리면서) 그러면 너는 왜 그렇게 죽을 꿈을 꾸구 죽었단 말이냐.

총각 엄매야, 엄매야, 나는 명이 그까지 되어서 죽을 꿈을 꾸구 죽었다. 엄매야 엄매야, 나 죽은 한이란 말구 부대 평안히 잘 살아라.

배뱅이 어머니 (흑흑 느껴서 꽹꽹 텨울면서) 얘 이 계집년아, 왜 방정맞게 죽을 꿈을 꾸구 죽었단 말이냐.

총각 엄매야, 엄매야, 나 죽은 한일란 일체 말어라. 나는 인제 죽어뎌서 할딕고개 불딕고개[52] 가는데, 열두나 사자[53]들이 인정[54] 달라 뺌을 티니, 할 수 없어서 품에 품은 백지 한 댱 사절지[55]에 말아내어 수표 하야 주고 갔더니, 엄매야,

---

52 아마도 '헐떡고개', '벌떡고개'. 곧 헐레벌떡, 힘들다는 뜻.
53 使者, 죽은 사람의 혼을 저승으로 데려가는 일을 한다는 저승의 귀신.
54 人情, 뇌물.
55 원문엔 '삼절지'이나 사절지로 교감함. 전지를 두 번 접어 넷으로 자른 크기의 종이.

인정이나 주게 돈이나 좀 다우.

배뱅이 어머니 그저 너 가지고 싶은 대로 가지고나 가라.

총각 엄매야 엄매야, 내해 내 본전대로 찾아가지고 가겠다. 그
럼 내 예물 받은 건 다 어드켓늬.

배뱅이 어머니 이년어 계집년아, 내레 네 것 하나 손끝만큼도 다
티디 않았다. 네헤 네해대루뒈 뒀다. 뎌 샛방 농두
지[56] 뺄함[57]에 너둬 둔대로 있다.

총각 (배뱅이 쓰던 농에 가서 배뱅이 쓰던 다리 두 쌍을 내어놓고) 엄
매야 엄매야, 그건 그러하나, 원앙이 같은 것 도끼[58] 같은
것 침통 같은 것 다 어드켓늬.

배뱅이 어머니 네헤 네대루 너둔 대루 두뒀다. 샛간[59] 농에 역시
네두었다.

총각 (또 농에 가서 패물을 가져다가 상 우에 놓고) 엄매야 내 웃저
고리[60] 웃치마[61] 다 어드켓늬.

배뱅이 어머니 것두 네헤대루 뒀다, 샛간 농에 두어 뒀구나.

총각 (또 농에 가서 저고리 치마를 가져다 상에 놓고) 오호니야! 세

56 옷두지, 옷 따위를 넣어두는 세간.
57 서랍의 방언.
58 진주로 장식한 도끼 모양의 패물, 진주월眞珠鉞.
59 샛방.
60 겉저고리.
61 겉치마.

울내 네울내 댄기던 동무님 네, 다 오너라. 죽었던 배뱅이
가 박사계[62] 실려서 오늘날 와서, 다시 한번 세울래, 네울
래 만나보고 가겠구나.

동리처녀1 더런 무트럭 총각놈에게 맨겨 보이겠네. 얘 우리 슬
근슬근 다 가자. (하나둘씩 세서[63] 가려고 한다)

총각 오호니야! 이 달이 흘러가고 나는 달[64]이 솟아올 적에 나
희[65] 어드래 머리가 아프댈 적엔 말이 없으리로다.

동리처녀2 그럼 가서 만나보고 가자.

동리처녀3 그럼 그러커자.

동리처녀4 됴태는 대로 하자구나.

동리처녀1 야, 배뱅이 온 것이 분명하구나. 배뱅이가 분명 왔거
들란, 오늘 저녁 즐거이 놀다나 가라.

총각 오호니야! 나는 죽을 꿈을 꾸고 죽었거니와, 너는 백만 년
이나 무량無量히 잘 살어라. 세울내 네울내 다니는 동무들
다 오나라. 내 죽은 배뱅이 다리[月子]는 뭣에 쓰며, 패물은
뭣에 쓰며, 웃저고리 웃치마는 뭣에 쓰랴, 세울내 네울내
단니는 동무들아, 다 들어세라. 다리도 너 다 가져나 가라.
패물도 너 다 가져나 가라. 웃저고리도 웃치마도 엣다 너

---

62 에게.
63 헤아려서.
64 새달.
65 아마도 '너희'.

두 하나 너두 하나. (패물, 저고리, 치마를 하나씩 다 돌려준다)

오호니야! 그것은 그렇거니와, 엄매야 엄매야, 지부황천
地府黃泉[66]에 들어가본 즉, 돈이 발라[67] 못 살겠구나. 나의
소원은 한 가지 있다. 돈 몇만 량을 한다 하는 상등말에다
가 지부황천으루 실려주려무나.

배뱅이 어머니 너 쓰구 싶은 대루 쓰라므나.

하인을 불러 양마良馬에다 돈 몇만 량을 실어 박사에게다 보냈
다. 총각은 말을 몰구 간다. 유모에게두 조금 주고.

66 사람이 죽은 뒤에 그 혼이 가서 산다고 하는 세상.
67 이북 방언, 바르다, 흔하지 아니하거나 충분할 정도에 이르지 못하다.

2. 유인만 채록본*

「배뱅이굿의 서설」(『향토』)

해제

유인만이 채록한 「배뱅이굿의 서설」은 월간 『향토』 제4호(정음사, 1947.4)에 실린 것이다. 해방 직전 고향 평산에 들렀다가 관북사에서 어느 재인의 배뱅이굿 공연을 보고 사설을 기록한 유인만은 「머리말」에서 밝혔듯 일석 이희승의 제자다. 채록자가 재인을 관북사에 해후한 일이 흥미롭다. 절과 재인의 특수 관계를 다시 한번 알리는데, 재인이 배뱅이굿을 봉산에서 배웠다는 점 또한 흥미롭다. 평산은 그 이웃한 봉산과 함께 황해도 연희 문화의 중심지였으니, 봉산에서 배운 배뱅이굿을 평산 재인이 관북사에서 연행하는 그 현장에서 직접 채록됐다는 점이 유인만 본의 첫째가는 의의다.

* 이 자료는 원래 『공동체문화』 제1집(공동체, 1983)에 발표한 것이다. 이번에 대폭 개고하였다.

주목할 또 하나는 항간에 유행하는 배뱅이굿과 다른 내용을 포함하고 있는 점이다. 서도 명창 이은관 소리로 널리 알려진 배뱅이굿은 두 이야기로 구성된바, 귀한 댁 아가씨 배뱅이가 밀통한 중에 대한 상사병으로 요절하는 것이 앞이요, 평양 건달이 가짜 무당 노릇으로 배뱅이집 재산을 들어먹는 것이 뒤다. 그런데 유인만 본은 두 이야기 앞에 전사前史가 있다. 경상 감사까지 지낸 배뱅이 아비가 본디 경상도 출신 무당이라는 이야기다. 이 전사가 있음으로써 남한 판소리에 대한 배뱅이굿 또는 서도 판소리의 독자성이 확연해진다. 남한 판소리는 대개 두 과장으로 이루어진다. 예컨대 춘향이 이도령과 이별하는 데까지가 앞과장이라면 춘향이 고난을 뚫고 귀부인이 되는 데가 뒷과장이다. 앞과장이 현실이라면 뒷과장은 꿈이다. 배뱅이굿은 남한 판소리가 끝나는 지점에서 시작한다. 이 점에서 유인만 본 배뱅이의 당참은 유별난 것이다. 아비가 이룩한 신분 상승에 미련 없이 중과 사통하고 출분까지 감행하려 한 그녀는 기존 질서에 결국 편입된 춘향을 초과한다. 그리하여 이 파탄을 마무리하는 평양 건달의 가짜 무당 노릇은 중세 질서의 무덤 파기에 준하매, 배뱅이굿은 서도에서 꿈틀거리는 근대의 미명未明을 상징한다 할 것이다. 비록 서설만 채록되었을지라도 무당 사또와 그 딸 배뱅이의 이야기가 진진한 이 자료의 가치는 이만큼 높다.

원문에는 한자가 노출되었으나 한글로 바꾸고 필요할 경우 괄호 안에 한자를 병기하였다. 맞춤법이나 띄어쓰기 역시 현대 어법에 맞게 고쳤으나 되도록 황해도 방언을 살린 원문을 존중하였다. 채록자가 공들인 주해는 원주로 밝히고 혹 오류가 있거나 보충할 게 있으면 교주를 달았다. 원주라고 밝히지 않은 것은 다 나의 교주다. 모를 말들이 적지 않다. 질정을 바란다. (최원식)

유인만의 「머리말」

배뱅이굿은 서도西道가요라기보다, 일종의 창극倡劇으로서, 주로 무녀의 신가神歌와 탁발托鉢[1] 승려들의 염불念佛·산山염불[2] 등을 재료로 하여 꾸민 것인데, 그 내용이 치졸하고 저속하다 여길지 모르나, 당시 민간사회의 일면상을 여실히 나타냈으며, 또 무격巫覡[3]과 승려의 퇴폐한 행동을 자미있게 풍자하여, 한번 음미해볼 필요가 있다고 생각한다.

필자 천학과문淺學寡聞[4]임에 불구하고, 이 문제를 끄집어낸 것은, 향리에 갔던 길에 어느 재인(그는 황해도 평산군 인산면 관북사에 있었으며, 이 놀이는 봉산 등지에서 배웠다 한다)에게 이 배뱅이굿

---

1   승려가 경문을 외면서 집집마다 다니며 보시를 받음.
2   불가의 소리가 세속화한 황해도 지방의 대표적인 잡가.
3   무당과 박수를 아울러 이르는 말.
4   배움이 얕고 견문이 적음.

놀이를 듣고, 필기하여다가 고준考準5해본 것이다. 물론 그는 이 사설 내용의 대부분을 무슨 의미인지 알지 못하고, 그냥 구송口誦만 하고 있을 뿐이었다. 그런 것을 필자가 적당히, 한자를 넣고, 약간의 주해註解를 시험하였다. 향간에 흔히 떠돌아다니고 레코드에 취입까지 한 '배뱅이굿'의 본설本說은 마찬가지이므로 고만두고 그의 허두인 즉 서설만을 취급한 것이다.

은사 이희승 선생의 권유도 계시므로, 이것을 한 참고 재료로 소개하여 대방大方6 선배의 교시教示를 비는 바이다.

원문

조선은 개국 304년, 대국大國7에는 강희康熙가 25년, 일본 원록元祿 8년, 우리나라 숙종대왕 즉위 23년, 지금부터 240년 전이었다.8 경상도 태백산太伯山9 하에 어떠한 큰 거부장자巨富長者10 한

---

5   헤아려 생각함.
6   어떤 분야에서 아주 뛰어난 사람.
7   중국.
8   원주. 개국 304년은 숙종 21년, 강희 34년, 지금으로부터 350여 년 전임. (교주. 재인의 오류를 유인만이 바로잡았는데, 마지막은 또 오류가 났다. 다시 고치면 '조선 개국 304년, 강희 34년, 원록 8년, 숙종 21년, 지금부터 250여 년 전', 즉 서기 1695년이다. 따라서 이 공연은 1945년의 일이겠다. 아마도 8·15 직전일 것이다)
9   太伯山은 환웅이 내려온 산을 가리키고 경상도 태백산은 太白山으로 표기하는 게 보통임.
10   장자는 큰 부자를 높여 이르는 말.

사람이 있으되, 9대째 무당의 자손이었다. 9대째는 크게 성수[11]가
불려오는데, 충남忠南 충북忠北 불려들어, 경기감영京畿監營[12] 돌아
들어, 산방사읍山傍四邑[13] 불려들어, 황주黃州 봉산鳳山 내려들어,
강변칠읍江邊七邑 돌아들어, 평해연백平海延白[14] 돌아들어, 만골[15]
을 다 단기어,[16] 동에는 금 노적露積,[17] 서에는 은 노적, 남에는 쌀
노적, 북에는 돈 노적, 한가운데는 금화패물金貨佩物 노적을 하고
사는데, 동네 전前[18]이며 흉가凶家 가중家中,[19] 대大한 가중, 소小한
가중, 곁방[20] 골방[21] 딴방[22] 막幕살이깐[23]에 있는 사람까지라도,
쌀 없는 사람은 쌀 꿔다 먹고, 돈 없는 사람은 돈 꿔다 쓰며, 나무
없는 사람은 나무꺼정 꿔다 때면서도, 저 먹은 공 모르는 개가 일

---

11 원주. 성수는 星宿, 무녀의 신神임.
12 경기도의 행정, 사법을 담당하던 관찰사觀察使가 근무하던 곳. 현재의
    도청 소재지 및 도청 건물. 세조 이후 경기감영은 한성부漢城府 소재다.
13 원주. 황주 봉산 등지의 산군山郡지대이고, 강변칠읍은 해안지대일 것
    이다.
14 원주. 평산平山, 해주海州, 연안延安, 배천白川.
15 萬골, 많은 고을.
16 '단기다'는 '다니다'의 사투리.
17 곡식 따위를 한데 수북이 쌓아둔 것.
18 어른이 계신 자리의 앞을 나타내는 말.
19 온 집안.
20 남의 집 한 부분을 빌려서 사는 방이나 집.
21 큰방의 뒤쪽에 딸린 작은방.
22 원래는 절에서, 승려들이 하나씩 차지하여 거처하는 방.
23 허술하고 초라한 작은 집.

상 발뒤축을 물어 흔든다고, 무당의 자손이라고 업심을 주지. 이
와 같이 업심을 받고 지낼 때에, 대국에는 국태민안國泰民安[24]하
고, 일본에는 가급인족家給人足[25]하고, 우리나라에는 시화연풍時
和年豐[26]하여, 함포고복含哺鼓腹[27]하고 도불습유道不拾遺[28]하고 산무
도적山無盜賊[29]하여, 처처의 인민이 격양가擊壤歌[30]를 부르겠다.

"국태민안이 법륜전法輪轉,[31] 시화연풍 연년年年히 돌아든다. 이
씨 한양漢陽 등극 후에, 삼각산三角山[32] 기봉起峯하여, 봉황이 는짓
생겼구나. 학을 눌러라 대궐 짓고, 대궐 앞에 육조六曹[33]로다. 오영

24 나라는 태평하고 백성은 편안함.
25 집집마다 넉넉하고 사람마다 풍족함.
26 시절이 화평하고 풍년이 듦.
27 잔뜩 먹고 배를 두드림.
28 길에 떨어진 물건을 주워 가지지 않음.
29 산에는 도적이 없음.
30 원주.『史略通攷』1권에 "帝堯 治天下 五十年 (…) 乃微服 遊於康衢 聞童
謠 曰 立我烝民 莫匪爾極 不識不知 順帝之則. 有老人 含哺鼓腹 擊壤而歌
曰 日出而作 日入而息 鑿井而飮 耕田而食 帝力何有於我哉"라는 말이 있
다. (교주,『사략통고』1권에 "요 임금이 천하를 다스린 지 50년에 (…) 이에 미
복으로 큰길에서 아이들의 노래를 들었다. 가로되, '우리 백성들을 세운 것은 그
대의 지극함 아닌 것이 없어, 부지불식간에 임금의 법을 따르네.' 한 노인이 배를
두드리고 땅바닥을 치며 노래해 가로되, '해 뜨면 일하고 해 지면 쉬고, 우물 파
마시고 밭 갈아 먹으니, 임금의 힘이 내게 뭐 있으랴'"라는 말이 있다)
31 원주. 불가에서 정도正道로 추진되는 도력道力을 말함. (교주. '법륜전'은
'법륜왕의 금바퀴가 구른다.' 곧 훌륭한 왕의 통치가 잘 이루어진다는 뜻)
32 북한산 별칭. 백운대, 인수봉, 만경봉 세 봉우리가 삼각을 이루어 붙은
이름.
33 조선 시대에, 국가의 정무政務를 나누어 맡아보던 여섯 관부官府. 이조,

문五營門[34] 학악산 각도 각읍을 마련할제, 왕십리往十里 청룡靑龍[35]
되고, 둥구재[36] 만리재[37] 백호白虎[38]로다. 관악冠岳이 안산案山[39] 되
고, 동작강銅雀江[40] 수구水口[41] 막아, 여천지與天地[42] 무궁이라. 원아
금조願我今朝[43] 차일此日 사바세계, 남섬은 부주[44]로다. 해동海東을
잡다라, 조선국 경기도 경성내京城內, 37관官[45]이 대모관[46]이요,

호조, 예조, 병조, 형조, 공조를 이른다.

34 원주. 훈련도감訓鍊都監, 금위영禁衛營, 어영청御營廳, 수위영守衛營, 총융
    청摠戎廳.

35 푸른 용. 풍수지리에서, 주산主山에서 왼쪽으로 갈려 나간 산줄기.

36 둥그재, 원교圓嶠, 서대문구 충정로2가에 있는 무악의 한 봉우리로서,
    모양이 둥글다고 하여 둥그재, 금화산을 일컫는다.

37 중구 만리동2가에서 마포구 공덕동으로 넘어가는 고개로, 세종 때 집
    현전 부제학 최만리崔萬理가 살았던 데서 유래된 이름이다.

38 하얀 호랑이. 풍수지리에서, 주산에서 오른쪽으로 뻗어나간 산줄기.

39 집터나 묏자리의 맞은편에 있는 산.

40 동작동 앞을 흐르는 한강.

41 풍수지리에서, 득得이 흘러간 곳.

42 천지와 더불어.

43 원컨대 우리 왕조.

44 원주. 불교에서 세계를 동승신주東勝神洲, 서우하주西牛賀洲, 남섬부주南
    贍部洲, 북구로주北俱盧洲로 나누어 말함.

45 원주. 광주廣州 금천衿川 강화江華 풍덕豐德 여주驪州 양주楊州 남양南陽
    이천利川 통진通津 죽산竹山 안산安山 안성安城 고양高陽 교하交河 영평永
    平 진위振威 지평砥平 적성積城 수원水原 음죽陰竹 양성陽城 파주坡州 부평
    富平 인천仁川 장단長湍 교동喬桐 양근楊根 삭녕朔寧 마전麻田 김포金浦 가
    평加平 용인龍仁 양천陽川 포천抱川 과천果川 연천漣川 양지陽智.

46 원주. 미상. 대모관玳瑁冠/대모관大模官. (교주. 큰 고을을 뜻하는 대무관大
    廡官일 듯)

90

황해도로 내려와서 23관[47]이 분명한데, 연백 같은 대모관, 이내里內 면내面內 대면내大面內, 이대 동중洞中 대大동중, 건명乾命[48] 전前 모씨 댁에, 건부곤모乾父坤母 양위부처兩位夫妻 금슬지동락琴瑟之同樂[49]하여, 해로백년偕老百年[50] 늘여살제, 상남上男[51] 자손의 서방님, 효자 중남中男[52]의 도련님, 뉘역머리 다방머리[53] 우루룽충충 자라는 애기, 작년 같은 험한 세월, 꿈결 잠시 지냈건만, 신년 새해를 잡아들어, 몽주[54] 대살大煞[55]이 세대드라. 몽주 대살 풀고 가자. 살을 풀어라 걸인乞人살, 장삼촌丈三寸의 복제服制살,[56] 동내방내洞內坊內[57] 불안살, 이웃집의 희살[58]이요, 도적 맞으면 실물失物살, 불을 붙이면 화재살, 내외지간內外之間의 공방空房살,[59] 혼인

---

47 원주. 황주 연안 풍천豐川 장연長淵 서흥瑞興 안악安岳 수안遂安 신천信川 신계新溪 장련長連 강령康翎 토산兔山 해주 평산 곡산谷山 옹진甕津 봉산 재령載寧 배천 김천金川 문화文化 송화松禾 은율殷栗.

48 원주. 남성을 말함. 무녀의 "대주"와 같음.

49 부부간 사랑으로 함께 즐김.

50 백년을 함께 늙음.

51 큰아들.

52 둘째 아들.

53 다박머리, 어린아이의 다보록하게 난 머리털.

54 원주. 액수厄數의 이름. (교주. 몽주대감은 집에서 모시는 남성 신의 하나)

55 煞은 사람이나 물건 따위를 해치는 독하고 모진 기운.

56 한 길 삼 촌 되는 곤장을 맞고 죽을 살.

57 동네방네.

58 戲殺, 희롱하여 훼방을 놓음.

59 부부간에 사이가 나빠 따로 자는 살.

대사婚姻大事의 주당周堂[60]살, 쌈 나면 액살이요, 살인 나면 결인結刃[61]살, 고개고개 서낭[62]살, 마루마루 서낭살, 돌무더기두 서낭살, 물아래[63] 출입하옵시면, 외대백이[64]두 서낭살, 두대백이[65]두 서낭살, 나룻배 거룻배 서낭살, 이런 못된 액살을란 금일 고사告祀로 도액度厄[66]하여, 의주義州 월강越江[67] 소멸하니, 만사가 대길이오, 소원성취 발원이라. 이런 경사 또 어디 있나."

이때에 우리나라 상감님께서 알성과謁聖科[68]를 뵈이되, 인재를 양성하기 위하여 무당은 고사하고 백정白丁놈의 막동아들이라도, 글만 있으면 과거科擧를 보는 것이었다.

그 무당놈도 글은 유족有足[69]하였던지 "에라 과거에 가본다" 하고 과거 행장行裝을 차리는데, 강목綱目[70]·옥편玉篇[71]·사초필은·

---

60 원주. 가취嫁娶할 때 대소월大小月에 의하여『제옹당고부주부조第翁堂姑夫廚婦竈』를 역순으로 돌려 살을 판단함. (교주. 주당은 혼인 때 꺼리는 귀신)
61 원주. 예전에 살인 사건의 연루로 끌려감을 결인이라 하였음.
62 토지와 마을을 지켜주는 신.
63 물이 흘러 내려가는 아래쪽 방향이나 그 지역.
64 돛대 하나만 선 배.
65 돛대 두 대인 배.
66 액을 막음.
67 중국과 접경한 의주의 압록강 넘음.
68 원주. 문묘(文廟, 孔子廟)에 현묘現廟하고, 과시科試를 뵈임.
69 넉넉함.
70 주희朱熹가 찬술한『통감강목通鑑綱目』의 준말.
71 한자를 모아서 일정한 순서로 늘어놓고 글자 하나하나의 뜻과 음을 풀이한 책. 한자 사전.

우산·등때[72]·체일[73] 포장·문방제구文房諸具를 갖추어, 그 상上장구데기[74]놈에 짐을 제워 앞세우고, 경성을 올라가니, 수만 명 선비들이 만수산萬壽山[75]에 구름 뫼듯하고, 섣달 대목장에 장군새[76] 뫼듯하고, 서낭당 낭구[77] 아래 차돌 뫼듯 하고, 갑오년甲午年 난리[78]에 동학東學군 모이듯 하고, 이 방중房中에 구경꾼 모이듯 가뜩가뜩 모였는데, 글제를 바라다보니 "강구康衢에 문동요聞童謠"[79]라 하였거늘, 등대 말장[80] 곶인 후에 차일 포장 둘러치고, 명지名紙[81] 장지壯紙[82] 앞에 놓고, 쌍룡雙龍 그린 벼룻돌에 마노瑪瑙[83] 연적硯滴[84] 물을 따라, 수양

72 등燈대, 과거를 보는 선비들이 동접同接의 표치標幟로 과거 마당에 가지고 가던, 등을 달아매는 대.
73 차일遮日, 햇볕을 가리기 위하여 치는 포장.
74 원주. 무녀의 종자를 '대기'라 하는데 장구 치는 자를 '장구데기'라 함.
75 북경北京 교외에 소재한 산.
76 원주. 장 보러 가는 사람. 황해도 중부의 방언.
77 원주. 성황당城隍堂 나무라는 방언.
78 원주. 이조李朝 고종 갑오甲午에 전봉준全琫準이 일으킨 동학당東學黨의 혁명란.
79 "큰길에서 동요를 듣다." 「격양가」의 고사.
80 말장杖, 가늘게 다듬어 깎아서 무슨 표가 되도록 박는 나무 말뚝.
81 과거 시험에 쓰던 종이.
82 우리나라에서 만든 종이의 하나로 두껍고 질기며 질이 좋다.
83 칠보七寶의 하나인 보배석.
84 벼루에 먹을 갈 때 쓰는, 물을 담아 두는 그릇. 보통은 도자기로 만들지만 쇠붙이나 옥, 돌 따위로도 만든다.

매월首陽梅月[85] 진케 갈아, 청황모靑黃毛[86] 무심필無心筆[87] 반중등 험신 풀어, 일필휘지一筆揮之하여 일천一天[88]에 선장先場[89]하였더니, 상시관 上試官[90]이 받아보고 전후 수말首末 다 본 후에, 글자마다 비점批點[91]이 오, 구구句句마다 관주貫珠[92]로다. 알성급제謁聖及第[93] 도장원都壯元[94]에 한림학사翰林學士[95]를 제수除授하니, 무당놈이 황공 감사하여 사은숙 배謝恩肅拜[96] 석 달 만에, 한림이 승차陞差[97]되어 경상 감사監司[98]로 임명 되었겠다.

그 상장구데기놈은 심술 많고 욕 잘하고 헛포장 잘 놓는 놈인

---

85 원주. 먹[墨]의 이름. 해주는 진산鎭山이 수양산首陽山이고, 유명한 먹의 산지다.
86 청모는 날다람쥐의 털이고 황모는 족제비의 꼬리털이다.
87 다른 종류의 털로 속을 박지 않은 붓.
88 원주. 과거 볼 때 시지試紙의 번호를 천자문千字文의 순서로 매기되, 일 자一字에 백씩 지번枝番을 썼음. (교주. 과거나 백일장 따위에서 또는 여럿이 모여 한시 따위를 지을 때 첫 번째로 글을 지어서 바치던 일. 또는 그 글)
89 문과 과거장에서 가장 먼저 글장을 바치던 일.
90 과거 시험을 관리하고 감독하던 벼슬아치 가운데 우두머리.
91 시가나 문장 따위를 비평하여 아주 잘된 곳에 찍는 둥근 점.
92 예전에, 글이나 시문을 하나하나 따져보면서 잘된 곳에 치던 동그라미.
93 조선 시대에, 임금이 성균관 문묘에 참배한 뒤 보이는 과거 시험에 합 격하던 일.
94 과거에서, 갑과에 첫째로 급제함.
95 '예문관 검열'을 예스럽게 이르는 말.
96 임금의 은혜에 감사하며 공손하고 경건하게 절함.
97 한 관청 안에서 윗자리의 벼슬로 오름.
98 조선 시대에 둔, 각 도의 으뜸 벼슬. 그 지방의 경찰권·사법권·징세권 따위의 행정상 절대적인 권한을 가진 종이품 벼슬로, 오늘날의 도지사.

데, 헛포장을 얼마나 잘 놓든지 회루바람[99]에 연자研子방아[100] 돌이 불려, 거미줄에 뒤룽뒤룽 매달렸다는 이와 같이 헛포장을 잘 놓는 놈이었다. 술은 어찌나 잘 먹든지, 밀밭을 지나가면 과히 취하고, 보리밭을 지나면 똑 참하게 취하는 놈인데, 술 딱 반 잔 사 먹고 주정을 하겠다.

"이런 제기 경상도가 썩어지지 않으면 물크러지고 물크러지지 않으면 썩어졌지. 칠반천인七般賤人[101] 무당놈은 경상 감사를 해갖고, 나는 없는 것이 쇠아들[102]이 되어 그놈의 장구는 치라 단길 법하거니와, 우리 내력으로 말하면 쫄쫄한 양반이겠다. 그놈이 우리 외켠[103]에서는 관노官奴[104]를 20여 대 단기었고, 내켠에서는 사령使令[105]을 40여 대 단긴 놈인데, '사使' 자字는 감사 부사府使 목사牧使라는 '사' 자가 되고, '영令' 자字는 영돈령領敦寧[106]이라는 '영' 자가 되었구나."

99 회오리바람.
100 연자매를 쓰는 방아. 둥글고 넓적한 돌판 위에 그보다 작고 둥근 돌을 세로로 세워서 이를 말이나 소 따위로 하여금 끌어 돌리게 하여 곡식을 찧는다.
101 원주. 칠반천역七般賤役은 조례皂隸, 나장羅將, 일수日守, 조군漕軍, 수군水軍, 봉군烽軍, 역졸驛卒인데, 무당이 하도 천하므로 칠반천인에 든다 함.
102 소처럼 시키는 대로 수걱수걱 일을 하거나 고분고분한 사람을 낮잡아 이르는 말.
103 원주. 외갓집 편.
104 관가에 속하여 있던 노비.
105 조선 시대에, 각 관아에서 심부름하던 사람.
106 영돈령부사領敦寧府事의 준말. 정1품.

하고, 이리 비틀적 저 담쪽을 잡고, 저리 비틀적 이 담쪽을 잡고, 한참 주정을 하는 판에, 경상도 육방관속六房官屬107이 신임 등내等內108 모시라 올라가는 길이었다. 어디 계신지 몰라 방황하던 차에, 그 술주정꾼의 말을 듣고,

"여보! 이 양반 말 좀 물어봅시다."

"말? 대촌大村109이나? 남 술 반 잔 사 먹고 주정하는 놈보고 말은 무슨 말!"

"그런 것이 아니라, 소인 등은 경상도 육방관속이었더니, 신임 등내 모시러 가는 길에, 당신을 보아하니 아시는 듯해서 묻사옵니다."

"알려거든 날 따라오지. 저 경성 청진동淸進洞 죽동竹洞 열두 다방꼴110로 해서 다방꼴 일백구십 번지야."

라고, 번지꺼정 가리켜주었겠다. 육방관속이 저희끼리 가며 쑤군거려 하는 말이,

---

107 이방吏房, 호방戶房, 예방禮房, 병방兵房, 형방刑房, 공방工房에 속하는 구실아치.
108 원문의 '등대等待'를 '등내'로 교정함. 등내는 벼슬아치가 벼슬을 살고 있는 동안.
109 원주. '촌村' 자가 "말 촌"자이므로 곁말로 씀.
110 현 서울 중구 다동茶洞.

"경상도가 적어도 71주州[111]요, 일도방백一道方伯[112]이면 일도왕一道王이라고도 할 수 있는데, 어떤 놈이 무당을 도백道伯으로 섬기며 왕으로 섬기겠느냐. 3일 대작對酌 후에 육방관속이 죄 무당의 소리로 해서 현신現身[113]하여서 무당의 소리를 하고만 보면 올려 쫓자."

고, 단단히 약속을 정하였겠다.

감사가 도임到任하여, 3일 대작 후에 육방관속이 죄 무당의 소리로 현신을 하는데, 이와 같이 현신을 하겠다.

"신영新迎 관노 등 아룁니다."

"신영 통인通引[114] 등 아룁니다."

"신영 역리驛吏[115] 등 아룁니다."

---

111 원주. 경주慶州 진주晉州 창원昌原 김해金海 밀양密陽 청송靑松 순흥順興 울산蔚山 하동河東 인동仁同 함양咸陽 초계草溪 영천永川 영주榮州 양산梁山 김산金山 곤양昆陽 경산慶山 고성固城 개령開寧 의령宜寧 용궁龍宮 청하淸河 칠원漆原 진보眞寶 함창咸昌 안의安義 현풍玄風 단성丹城 군위軍威 신녕新寧 연일延日 영산靈山 사천泗川 웅천熊川 영양英陽 상주尙州 성주星州 안동安東 영해寧海 선산善山 대구大邱 거제巨濟 동래東萊 거창居昌 칠곡漆谷 합천陜川 청도淸道 예천醴泉 흥해興海 함안咸安 풍기豐基 의성義城 영덕盈德 남해南海 삼가三嘉 하양河陽 봉화奉化 언양彦陽 진해鎭海 문경聞慶 지례知禮 고령高靈 산청山淸 의흥義興 비안比安 예안禮安 장기長鬐 창녕昌寧 기장機張 자인慈仁.
112 한 도의 으뜸벼슬, 곧 감사 또는 관찰사.
113 아랫사람이 윗사람을 처음으로 뵘.
114 수령守令의 잔심부름을 하던 구실아치. 이서吏胥나 공천公賤 출신이었다.
115 역참에 속한 구실아치.

"신영 이방吏房116 등 아룁니다."

"신영 도군노都軍奴117 도집사都執事 도사령都使令 등 아룁니다."

이와 같이 현신을 하여도, 사또가 무당의 소리를 아니하고, 갓철대118 하나 까딱 안 하고, 그림에 그린 매화처럼 앉았거늘, 삼영문三營門 관속이 삼문三門119 밖에 나가, 저희끼리 쑤군거리며 하는 말이,

"큰 야단 나고 변 나고 대탈 났구나."

하고, 한참 떠드는 판에, 한 20살 먹은 관노놈이 하는 말이,

"무당두 무당의 소리를 할만치 해야 무당의 소리를 하든지 말든지 하지. 그렇게나 아룄다고 무당의 소리를 하겠소? 소인이 한번 들어가서 아룄어보리다."

"소인은 본本골 사옵던 관노이옵더니, 천한 나이 일흔에 기출己出,120 남자의 자식 하나 두었삽더니, 어젯날 성턴 몸이 오늘날 우연 득병하여, 월越나라 화타華佗 편작扁鵲121 만고명의萬古名醫 다 쓸데없삽고, 청심환淸心丸·소합원蘇合元·곽향정기산藿香正氣散·방장

116 조선 시대에 각 지방 관아에 속한 육방六房 가운데 인사 관계의 실무를 맡아보던 부서.
117 군아에 속한 사내종 군노의 우두머리.
118 갓양태의 테두리에 두른 테.
119 대궐이나 관청 앞에 세운 세 문. 정문, 동협문, 서협문을 이른다.
120 자기가 낳은 자식.
121 원주. 중국 고대의 명의들. (교주. 월나라 사람이 아니다)

산方丈山¹²² 불로초不老草·영주瀛洲¹²³ 해중海中의 선약초仙藥草·태상노군太上老君¹²⁴의 금단약金丹藥·삼신산 불사약, 백약이 무효하오니, 명정지하明政之下¹²⁵에 사생길흉死生吉凶을 판단하여 주옵소서.”

사또가 무당의 소리 아니하려고 두 주먹을 맘껏 쥐고, 송곳니가 망짝¹²⁶ 되도록 갈아 물고 있다가, 성수꾸미가 터져 나오겠다.

“으흐 으흐, 양반의 성수나 향놈¹²⁷의 성수나, 성수는 앉아두 한번 새¹²⁸요, 서서두 한번 새라. 천하궁天下宮 33천天,¹²⁹ 지하궁地下宮 28수宿,¹³⁰ 구업은 구멍생 여업은 여대천문, 일곱은 칠성수七星宿 여덟은 팔성수八星宿, 아홉은 구성수九星宿 열일곱은 도성수

---

122 중국의 전설적 삼신산三神山의 하나.

123 바다 가운데 있는 삼신산의 하나인 영주산.

124 도교道敎에서 신격화한 노자老子의 존칭.

125 밝은 정사로.

126 '맷돌짝'의 북한어.

127 상놈.

128 사이.

129 원주. 욕계慾界의 사천왕천四天王天 도리천忉利天 기염마천氣燄摩天 도솔타천兜率陀天 낙변화천樂變化天 타화자재천他化自在天.
색계色界의 범중천梵衆天 범보천梵輔天 대범천大梵天 소광천少光天 무량광천無量光天 광음천光音天 소정천少淨天 무량정천無量淨天 변정천遍淨天 복생천福生天 복수천福受天 광과천廣果天 무상천無想天 무번천無煩天 무열천無熱天 선견천善見天 선현천善現天 색구경천色究竟天.
무색계無色界의 공무변처천空無邊處天 식무변처천識無邊處天 무유처천無有處天 비상비비상천非想非非想天. (교주. 이하 불회심둔천 수항구우천 수음화천 상음구우천 상음화천을 나열하였으나, 무색계는 위의 4천임)

130 각角·항亢·저氐·방房·심心·미尾·기箕·두斗·우牛·여女·허虛·위危·실室·벽壁·규奎·누婁·위胃·묘昴·필畢·자觜·삼參·정井·귀鬼·유柳·성星·장張·익翼·진軫.

都星宿, 지하의 영신靈神[131]은 솟아나고, 일월명도[132]는 이구나고 소슬명두는 안구나고, 꽃 다신[133] 들구나고 밀 다신 밀구나고, 열두 나라 조공 받고 십이제국十二諸國[134] 분부받아, 길 우에는 5천 병마兵馬 길 아래는 3천 병마, 8천 병마 거나리고 5마대馬隊로 결진結陣 모아, 대학에 섰을 잡고[135] 서낭에 길을 열어, 천 넘은 대신, 만 넘은 대신, 천록天祿 같은 대신, 범 같은 신령神靈씨들, 오늘날 이 가중家中에 상남上男 자손 병증세, 귀신지침착鬼神之侵着[136]이온지 풍냉지소절風冷之所折[137]이온지, 춘하추동 사시절에 돌아가는 감기

131 영검 있는 신.
132 원주. 무녀의 신기神器. 한대漢代 명도전明刀錢을 위하던 것이 아닐까.교주. 황해도 무속에서 큰 소나무에 일월과 칠성의 무늬를 그린 일월명두日月明斗를 달고 "해는 따다 일월명두, 달은 따다 소슬명두"로 시작하는 사설을 읊으며 자손 만대의 부귀영화를 기원함. 이 일월명도가 일월명두가 아닐까.
133 원주. 다신은 대신大神일 게다. 무녀들은 대신大臣의 혼령이라고도 하나, 전자가 아닐까.
134 원주. 천하각국이란 뜻. 이 출처는 「처용가處容歌」 "십이제국十二諸國", 『이상국집李相國集』의 "신인십이국사新印十二國史"란 말이 있고, "진한辰韓십이국", "변한弁韓십이국"이 있으며, 중국은 구주九州 이전에 십이주가 있었으며 춘추春秋시대의 십이열국十二列國은 노로魯 위위衛 진晉 정鄭 조조曹 채채蔡 연燕 제齊 송宋 진陳 초楚 진秦이고, 전국戰國시대 제제齊 위왕威王조에 "사상십이제후개내조泗上十二諸侯皆來朝"라는 기록이 있으니, 하자何者를 취함인지 알 수 없다. (교주. 泗上의 사는 산동성의 泗水)
135 원주. 미상. (교주. 섰이 서슬에 불끈 일어나는 기분이나 감정이니 제압한다는 뜻일 듯)
136 귀신이 침노해 붙음.
137 찬 바람에 꺾임.

100

인지, 바른 옥석玉石[138] 가려, 영검 속에 영검 주고 귀염 속에 귀염 주시오. 으흐…… 너의 가중 팔신八神[139]을 잠깐 살펴보니, 부모 존전尊前 같고 동태同胎[140] 동생 같고, 못다 살구 간 여女청[141] 여귀女鬼 침착이오니, 오늘 날 가기 전에 밥 세 종발, 술 석 잔, 나물 세 접시, 달기[142] 한 마리, 대수대명代數代命[143] 보내고, 삼 사자使者[144] 버선 세 켤레, 돈 석 냥, 백목白木[145]천 석 자 세 치 손보시[146]하오면, 오늘 날 가기 전에 단밥 먹여 단잠 재우고, 옛 걸음 도로 걸릴 터오니, 나라 만신[147]의 분부대로 하여라. 여봐라! 안당에 들어가 증,[148] 장구, 상쇠[149] 내오나라."

관노놈이 벌컥 일어나며,

"사또 삼일 대작 후에 관정의 사형事形 묻는대든지, 백성의 인심 선악을 묻는대든지 할 것이지, 하구 많은 분부 가운데 공사방

---

138 원주. '옥석동가玉石同架' '옥석구분玉石俱焚' '옥석혼효玉石混淆' 등에서 온 말이 아닐까.
139 원주. 귀신사요이매망량鬼神邪妖魑魅魍魎이 아닐까.
140 동복同腹. 한 어머니가 낳은 동기同氣.
141 남자가 여자의 목청으로 노래 부르는 일. 또는 그 노래.
142 원주. 닭[鷄]의 방언.
143 재액을 남에게 옮김.
144 죽은 사람의 혼을 저승으로 잡아간다는 귀신.
145 무명.
146 원주. 보시布施, 재물을 헤쳐 시혜施惠하는 것.
147 '무녀'를 높여 이르는 말. 한자를 빌려 '萬神'으로 적기도 한다.
148 징.
149 꽹과리.

公事房에 앉아 그런 놈의 분부가 어디 있단 말요."

사또가 부끄러워서,

"응, 양반이 실수했군."

"실수, 귀뚜래미 팔대기[150]나?"

고만 사또가 안으로 쫓겨 들어갔겠다. 무당의 내곳[151]을 안 하
면 잘 살고 올라갈 것인데, 고만 탄로가 나기 때문에 쫓겨가는 판
이었다. 안당 부인 마누라가,

"여보 사또! 남이 부끄러워 어찌 살겠소. 어서 올라갑시다."

"갈 테면 가세꾸면!"

금은보화 경보輕寶[152] 주옥珠玉으로 행장을 묶고, 복심이란 종
을 앞세우고,

배천으로 말하면 소재[153] 같은 데,

연안으로 말하면 송청 같은 데,

평산의 광암 같은 데,

신계의 풍요울 같은 데,

곡산의 문성 같은 데,

수안의 무란이 같은 데,

황주의 누르지 같은 데,

150 원주. 실수蟋手로 붙이어 곁말 씀.
151 내색.
152 가볍고 값나가는 보물.
153 원주. 그 지방에서 유명한 부락(이하 동).

봉산의 양마동 같은 데,

재령의 쑥우물 같은 데,

해주의 독굿 같은 데,

이러한 큰 대촌을 찾아가서

"여기 집 하나 살 것 없을까요?"

"집은 472간間인데, 전錢 만 냥이나 주면 사지요."

"만 냥은 고사하고 2만 냥이라도 흥정만 붙여주시오."

이와 같이 큰 대가大家를 거나리고 사는데, 그 동리는 어느 양반이 사는고 하니, 서울서 퇴로退老[154] 재상으로, 김 정승政丞[155]이 판서判書가 내려와 사는 동리였다. 이 무당놈도 경상 감사로 갔댔다고, 동시同룷 양반이라고 3인이 결의형제를 하는데, 무당놈은 좌백座伯이 되고, 김 정승은 둘째가 되고, 이 판서는 막동이가 되어, 3인의 정의情誼[156]가 빈빈彬彬함을 따라, 아낙 부인들까지라도 친동서같이 지내는 중, 하로는 가운데 동세네 집으로 뫼겠다.

"형님 돌아오시나요. 아우님 돌아오나. 앉교,[157] 앉게."

그 삼 동세로 말하면 세간은 누거만재累巨萬財나, 슬하膝下에 일점혈육一點血肉이 없으므로 매양 적막한 세월을 지내는 중, 그날은 특별히 가운데 동세가 하는 말이,

---

154 늙어서 벼슬에서 물러남.
155 영의정 좌의정 우의정을 통틀어 이르는 말.
156 서로 사귀어 친하여진 정.
157 원주. '앉으시오'의 방언.

"형님 아우님 말씀 듣교. 우리 세간으로 말하면, 수없이 많은 세간을 형님은 숨 못 쉬고, 아우님은 밥숟갈 팡가질하고,[158] 나는 이 세상 떠나는 날이면, 어느 놈이 먹었으니 먹었노라 하겠나, 썼으니 썼노라 하겠나, 덕이니 덕이라 하겠나. 여산백지如散白紙[159] 흩어져서, 명주 옷에 들기름 퍼지듯 할 터이니, 이런 원통하고 서러운 사정을 누게다 통정한단 말이요."

하고 우는데, 곁집 나인[160] 세 나인이 들어와서 따라 울겠다. 그 삼 동세가 울다 보니 망측스럽거든.

"여보게 이 계집들, 우리는 자식이 없어서 울거니와, 자네들은 왜?"

한 계집이 하는 말이,

"소녀의 말씀 듣교. 우리가 먹는 거든지 쓰는 거든지, 애기씨님들의 해[161]로 먹고 입고 쓰는데, 그냥 서서 구경만 한다면, 남들이 보드래도 인정 없다 야속하다 냉냉하다 맬맬하다 쌀쌀하다 할까봐, 울구프지도 않은 것을 형겊 많이 먹고 굳은 똥 누는 개 상통[162] 찡그리듯하고 울려니까 코 허리가 좀 시근시근하오이다."

"또 저 계집은 왜?"

"소녀의 말씀 듣교. 소녀는 울구프지도 않은 것을 좀 부조 삼아 울었지요. 울려니까 눈물이 한 방울도 안 나와서 고만 몰래 눈에

158 팽개치고,
159 빈 종이 흩어지듯.
160 원주. 여인이라는 방언.
161 그 사람의 소유물임을 나타내는 말.
162 얼굴을 속되게 이르는 말.

침을 발르며 울었지요."

"또 저 계집은 왜?"

"소녀의 말씀 듣고. 우인지우요 낙인지낙[163]이라니, 남 우는 데 가선 울고, 웃는 데 가선 웃을랬다니, 나는 우는 모퉁인 줄 알고 그랬소."

가운데 동세가 하는 말이,

"형님 아우님 말씀 듣고. 우리가 울지 않아 짠들, 없는 자식 생기겠소? 명산대천名山大川에 불공이나 디려봅시다."

형님 말씀은 "호호데"요.

아우님 말씀은 "요로시"외다.[164]

원천강袁天綱[165]의 날을 골래, 주역周易의 시時를 잡아 생기복덕生氣福德[166] 가려 좋고 좋은 날 가려다가, 안문門에 황토 피고,[167] 바깥문에 송침松針[168] 하고, 3일 정성 7일 재계齋戒[169] 정성껏 드린 후

---

163 원주. 『맹자孟子』에 "낙민지낙자樂民之樂者 민역낙기낙民亦樂其樂 우민지우자憂民之憂者 민역우기우民亦憂其憂"라는 말이 있음. (교주. "백성이 즐거워하는 것을 즐거워하면 백성도 그 즐거움을 즐거워하고, 백성이 근심하는 것을 근심하면 백성도 그 근심을 근심한다." 『맹자』 양혜왕하梁惠王下)

164 '호호데'는 중국어 '하오하오더好好的'이고, '요로시'는 일본어 'よろしい', 둘 다 좋다는 뜻.

165 원주. 중국 당唐대의 유명한 음양가.

166 원주. 생기일과 복덕일이니, 술가術家들이 사람의 간지干支를 팔괘八卦의 수에 나누어 고른 날.

167 피고.

168 꺾어서 말린 소나무 가지.

169 종교적 의식 따위를 치르기 위하여 몸과 마음을 깨끗이 하고 부정한 일

에, 옥백미玉白米 상上백미 33천 쓸고 쓸어, 28수 흐르는 물에 공양미 한 그릇을 정성스럽게 피어놓고 비는데, 누구라 비는고 하니 본 데 많고 들은 데 많은 무당의 여편네 만동세가 빌겠다.

"일국지명산一國之名山 제불지대찰諸佛之大刹, 53불 부처님[170] 5백 나한羅漢[171] 제불미륵, 사부四部[172] 칠성七星님 전前 발원하오니, 소녀 등은 슬하에 일점혈육이 없으므로, 지성껏 발원하오니 소소小小한 정성을 태산같이 굽어보고, 아들이고 딸이고 두루뭉수리고, 하나씩 돌려주시기를 바라나이다."

그 영검 속에 영검 주고, 귀염 속에 귀염 주는 산신령님들이 대大남자를 하나 돌려달래면 대남자를 하나씩 돌려줄 것이로되, 말 좋은 년이 고루고루 빌기 때문에, 산신령님들이 '노怒'자字가 나서 딸을 하나씩 돌려주겠다. 이와 같이 노구메[173] 정성을 드리고 와서 꿈을 꾸니, 꿈이 망칙스럽거든. 삼 동세가 모여 모두 꿈 얘기를 하고 보니, 모두 딸 날 꿈이었다.

일삭一朔[174] 이삭 삼삭이 되니, 얼굴이 세얼기미[175] 끼고, 물에

을 멀리함.
170 원주. 금강산金剛山 전설에 서역西域에서 53불이 바다를 건너 유점사榆岵寺에 이르러서 불교를 폈다는 말이 있음.
171 원주. 석가의 유교결집遺敎結集 때 모였던 3백 아라한阿羅漢.
172 부처의 네 종류 제자. 비구남승, 비구니여승, 우바새남신도, 우바이여신도.
173 원주. 노구는 적은 솥, 메는 신에게 올리는 밥.
174 한 달.
175 원주. '새알기미'일 것이니, 기미는 점 비슷한 것, 그 색채가 적은 조란

서 물 내 나고, 쌀에서 쌀 내 나고, 밥맛을 딱 제치는데, 먹고 싶은 건 산중山中의 과실, 물앵두·개살구·능금·복숭아·멀구[176]·다래, 시금털털한 것만 먹구 싶더니, 사정없는 세월이 흘러서 십삭十朔이 딱 차고 보니, 배때기가 안악安岳 장 보러 가는 소 배때기 모양으로 불렀겠다. 하로는,

"아구 배야, 아구 절반이야, 아구 중동이야."

하고 무엇하더니, 철석 하고 낳는데, 모도가 딸이었었다. 일 주일 이 주일 삼칠이 21일이 당도하여, 애기를 안고 애기 자랑을 단기는데,

"둥둥 둥둥 둥기야, 네가 정녕 내 딸이냐. 금을 주면 너를 사며, 은을 주면 너를 사랴. 만첩청산萬疊靑山[177]에 금자동金子童이, 나라님 전의 충신동이, 부모님 전의 효자동이, 일가친척에 우애동이, 둥둥 둥기야."

세월이 여류如流하여 그 이듬해 첫 생일이 돌아왔는데, 소 잡고 돝[178] 잡고 개 잡고 닭 잡고, 가진[179] 육축六畜[180]을 잡아 주안酒案을 배설하고, 동네 전 방네 전 면장面長 이장里長 존위尊位,[181] 남녀노

　　鳥卵빛 같다는 말.
176 머루의 방언.
177 만겹으로 둘러싸인 푸른 산.
178 돼지.
179 갖은. 골고루 다 갖춘. 또는 여러 가지의.
180 집에서 기르는 대표적인 여섯 가축. 소, 말, 양, 돼지, 개, 닭을 이른다.
181 면이나 이里의 어른.

소 할 것 없이 아이들꺼정 전부 청해 종일토록 먹다가, 석양에 파연罷宴쯤 되어서 그 삼 형제가 하는 말이

"여러분 이렇게 청한 것은 다름이 아니옵고, 우리 딸 하나씩 둔 것이 어느 사람 십자+子 둔 것보담두 대견히 길르니, 우리 아이 이름을 귀명貴名으로 하나씩 지어주기를 바랍니다."

여러분이 하는 말이

"남의 아이 이름을 남이 어찌 짓겠소. 어서들 지으시오."

하니, 왼막동이 이 판서가 하는 말이

"우리 아이 이름은 세월네로 짓겠소."

김 정승은 있다 하는 말이

"남은 세월네로 지었는데, 나는 네월네로 짓겠소."

무당 좌백은 있다 하는 말이

"세월네 네월네 다 뺏기고, 다스월네라 하기도 피럽고, 여스월네라 하기도 피럽고, 우리 아이는 억척대려서 한 번 백의 백곱 배뱅이[182]라고 짓겠소."

여러분이 하는 말이

"다 귀명으로 지었소."

세월이 여류하여 칠팔세가 되니, 뒤 후원에 별당을 짓고, 독선생을 앉히고 글을 가르치는데, "하늘 천"하면 "온 호乎, 이끼 야

182 원주. '백백百百이' 첫 자는 ㄱ이 탈락되고, 다음 자는 ㅇ으로 변한 모양.

也"[183]까지 알겠다. 천자千字·유합類合[184]·동몽선습童蒙先習[185]·사략史略 초권初卷·시전詩傳·서전書傳·논어·맹자를 불과 수년 내에 무불통지無不通知[186]하니, 배울 것이 없어서 뒤 후원 별당에 앉아서 침새질[187]을 하겠다.

그때는 어느 땐고 하니, 하夏 사월 초파일쯤 되었는데, 경상도 문박산[188] 사는 중놈이 시주 차로 촌가로 내려오겠다. 면면촌촌面面村村이 단기다가 배뱅이네 집을 당도하여,

"산인山人 중생이 문전 축원을 여쭙니다.[189] 일심으로 정념正念 극락세계 남무아미타불, 아등도사我等導師[190] 금상金像의 여래신데, 무량소임無量所任의 여래보살, 여래야 불공佛供히나제 여를나아 봉에음이로다 봉혜……

염불이면 동참同參 사방 어진 시주님네, 평생원이 발원이오, 가자加資[191] 복록 효자 충신, 열부烈婦 열녀 발원이오, 없는 애기 생남하고, 있는 자손 수명 발원, 백자천손百子千孫 만대유전萬代遺傳

---

183 『천자문』의 끝.
184 서거정徐居正이 지은 한자 학습서.
185 박세무朴世茂가 지은 어린이 학습서.
186 무슨 일이든지 환히 통하여 모르는 것이 없음.
187 바느질.
188 원주. 미상. 문경 박달나무산조령鳥嶺의 약칭일 수 있다.
189 원주. 동냥중의 염불 소리.
190 道師를 導師로 교정함. '아등도사'는 우리를 이끄는 스승이란 뜻. 곧 부처.
191 원주. 가선대부嘉善大夫 자헌대부資憲大夫 하는 첩지牒紙를 말함.

거부장자巨富長者 발원이오, 아들딸을 곱게 길러 자손 창성에 부
귀영화로다. 명복命福이자 백년百年 헤나제 여름나아 봉이로다 봉
혜……"

배뱅이가 내다보니 비록 중이나 남중호걸로 생겼거든.

"야 복심아, 저 대사님 좀 잠깐 내당內堂[192]으로 들어오시라 여
쭈어라."

복심이란 종이 나와서

"대사님, 저의 처녀 애기씨께서 잠깐 내당으로 들어오시라고
하셨습니다."

"어찌 내당에 들어갈 수 있습니까?"

"관계없다고 잠깐 들어오시랍니다."

중이 내당에 들어가니, 배뱅이가 앉았다 일어나서 대청으로
올라앉으시라고 했습니다. 대사가 하는 말이

"벌을 주시려면 태상벌[193] 같은 벌을 주시고, 죄를 주시려면 되
포 말포 섬포 주시기 바랍니다."

"겸사의 말씀 말고, 어서 올라가 앉으십시오."

중이 좌정 후에 배뱅이가 하는 말이

"야 복심아, 가 주안 한 상 차려 온."

주안을 차려다 놓고, 일배일배부일배一杯一杯復一杯[194]에 반취

192 안주인이 거처하는 방.
193 원주. 태상泰常벌. 봉산평야.
194 한 잔 한 잔 또 한 잔.

半醉쯤 취해서,

"저 대사님하고 나하고 천상연분[195]에 백년가약을 맺을 테니, 천지지지아지자지天知地知我知子知[196]하니 하늘이나 알고 땅이나 알고 네가 알고 내가 알았지 이런 말을 발설하였단 아니되렷다."

복심이가 하는 말이,

"아기씨님이 죽으라면 죽지는 못할사와도, 죽는 형용은 낼 테요, 소곰섬을 물로 끌래면 끌기꺼정이라도 할 텐데, 그런 말을 어찌 발설하겠습니까?"

낮이면은 벽장에 가두고, 밤이면은 같이 자고 이렇게 지내는데, 하로는 비가 부실부실 오는 날 중을 끄내놓고

"천상연분에 백년가약을 맺었는데, 어찌 징역 생활만 하겠느냐. 어디로 갑시다."

중이 하는 말이,

"내 머리가 무르팍 같은 놈이 널 데리고 십 리도 못 가서 어떤 나리한테 띄면, 볼기 무료로 삼십도度 맞을 텐데 너를 어찌 데리고 가겠느냐. 내가 가서 머리를 길러 가지고 들어옴사."

하고 나가버렸다. 배뱅이가 중을 내보내고, 일구월심日久月深[197]에 중만 보구 싶어 하로는 베를 짜는데 노래를 하겠다.

---

195 天上緣分, 하늘이 정한 연분. 규범 표기는 천생연분天生緣分.
196 원주.『후한서後漢書』양진전楊震傳에 "천지지지아지자지 하위무지何謂無知"란 말이 있음.
197 날이 오래고 달이 깊어간다는 뜻으로, 세월이 흐를수록 더함을 이르는 말.

이 베를 짜여서 어느 낭군의 복벌을 할까

이 버선을 기어서 어느 낭군의 발 맵시 낼까

배뱅이 어머니가 부엌에서 노래하는 소리를 듣고, 불부주껑이를 가지고 들어와서, 대가리를 때리면서 하는 말이,

"남두 부끄럽고 동198두 부끄러운 줄 알 텐데, 소리가 무슨 소리냐."

배뱅이가 "애개개" 하더니 누어서 잃는데 우엉[牛黃]199 든 암소 앓듯 하거든, 어머니가 문복問卜을 찾아가서 복채 오백 냥을 놓고 문복하는데, 판사200놈이 산통算筒201을 흔들며 한창 쑤군거리더니,

"당신 딸이 암만해도 '음' 자 '사' 자202 병病 같우."

배뱅이 어머니가 돌아와,

"영감 굿합시다. 굿해야 배뱅이가 낫겠답니다."

"굿? 굿? 양반의 집에 굿이 무슨 굿이야. 정 무얼 하면 안택安宅203이나 하든지 말든지 하지, 굿이 무슨 굿이야."

판사를 불러다 놓고 안택을 하겠다.

198 원주. 남[타인]을 남南으로 붙이어 동東을 끌어대임.
199 우황, 소의 쓸개에 병으로 생기는 덩어리.
200 판수의 방언.
201 맹인이 점을 칠 때 쓰는, 산가지를 넣은 통.
202 음사淫事. 남녀가 잠자리를 같이함.
203 집안에 탈이 없도록 무당이나 맹인을 불러 가신家神들을 위로하는 일.

"동방 갑을甲乙 청룡靑龍장군,[204] 남방 병정丙丁 주작朱雀장군, 서방 경신庚辛 백호白虎장군, 북방 임계壬癸 현무玄武장군, 중앙 무기戊己 황제黃帝장군, 오방五方 영신靈神[205] 신장님은 나철 강림하소서. 황건역사黃巾力士 둔갑장군, 둔갑장신藏身 뇌공雷公장군 운뢰雲雷장군, 구천응원九天應元 뇌성보화雷聲普化 천존天尊[206] 설說 옥추보경玉樞寶經을 하시다. 축귀逐鬼 축신逐神 축사요逐邪妖, 축리逐魑 축매逐魅 축망량逐魍魎, 사시四時 팔편八片[207] 제병諸病을 일시에두 소멸하고, 호구왕고이원수虎丘王高二元帥,[208] 도독都督에 조趙원수, 풍도酆都[209] 맹孟원수, 금나담나동강태유, 주뢰主雷[210] 등천군鄧天君, 판부判府 신천군辛天君, 월패月孛 주천군朱天君, 통현전교洞玄傳敎 마원군馬元君,[211] 낙양살진洛陽薩眞 백진군白眞君, 전교지사傳敎之師 갈진군葛眞君, 대법천사大法天師, 만법교주萬法敎主, 능송能誦은 차경此經, 귀신은 악독,

204 원주. 장님의 독경 소리.
205 원문의 領神을 靈神(영검 있는 신)으로 교정함.
206 구천응원 뇌성보화 천존은 도교의 최고 신인 원시천존.
207 팔편은 아마도 팔절八節. 팔절은 입춘立春, 춘분春分, 입하立夏, 하지夏至, 입추立秋, 추분秋分, 입동立冬, 동지冬至.
208 원문의 '호구왕구이원수'를 "호구왕고이원수虎丘王高二元帥 즉 호구 왕원수 고원수 두 원수"로 교정함. 이능화李能和, 이종은李鍾殷 역주,『조선도교사朝鮮道敎史』, 보성문화사, 1977, 266면.
209 원문의 豊都를 酆都(도교의 지옥)로 교정함.
210 분뢰를 주뢰主雷로 교정함. 이능화, 앞의 책, 266면.
211 원주. 치재능산致財能散하여, 부귀를 부운浮雲같이 여기던 도주陶朱 계연計然 마원馬援의 와전이 아닐까. (교주. 원문의 '도연이계주마원군'을 "통현전교 마원군"으로 교정함. 이능화, 앞의 책, 266면)

사불범정邪不犯正 사골박살邪骨撲殺,[212] 범차犯此귀신아, 원형이정元亨
利貞으로 급급여율령急急如律令.[213]"

이렇게 안택을 하다가, 안방에서 "아이고데고" 곡성이 진동하
니, 판사는 북을 둘러메고 도망가 버리고, 배뱅이의 부모 양친의
애통하는 거야 이루 볼 수가 없었다.

떠나갑니다. 떠나갑니다.

배뱅이 영신이 떠나갑니다.

에헤에야 나미타불이라.

떠나갑니다. 떠나갑니다.

배뱅이 시신이 떠나갑니다.

에헤에야 나미타불이라.

불쌍하고도 가련하다.

배뱅이 신세가 불쌍하다.

에헤에야 나미타불이라.

212 간사한 것은 바른 것을 범하지 못하니, 간사한 몸은 때려죽일 것.
213 판수가 잡귀를 몰아낼 때 주문 끝에 외는 말로, 빨리빨리 율령처럼 하
　　라는 뜻.

도선道詵이 성거사成居士,[214] 승지 박사,[215] 이러한 큰 명풍名風[216]을 찾아, 선산先山에 안장하고 배뱅이 어머니가 하는 말이,

"배뱅이 기물器物이나 나오나 보게, 굿이나 해봅시다."

하니, 무남독녀 외딸 죽인 영감이,

"굿이구 무엇이구 마누라 소견대로 하오."

이리하여 날을 잡고 어떠한 무당이든지 배뱅이 기물만 얻는 무당이면 재산을 절반을 주겠다고 사면에 광고했는데, 전선全鮮[217]에 널려 있는 떼무당이 대강이를 도끼 삼아 쓰고, 달려들어 굿을 하게 되었다.

214 원주. 도선·성거사는 상대上代의 유명한 풍수가. (교주. 원문에 成去思나 成居士로 교정함. 성거사는 조선 시대의 풍수. 관서關西 정주定州 사람으로 본명은 장세성張世成이다. 이괄의 난에 참여했으나 패하자 귀향하여 풍수 비술로 생활했다. 이름의 끝 글자만 따서 '성거사'로 행세했다)
215 승지는 아마도 승지勝地 즉 피란하기 좋은 땅을 가리키는 듯하고 박사는 남자 무당을 뜻하는 박수일 듯함.
216 유명한 풍수쟁이.
217 온 조선.

3. 최상수 채록본
—『민속학보』1, 2집 1956.5/1957.6

『민속학보』1집

해제

이 배뱅이굿은 김성민 창을 최상수가 채록하여 공개한 「배뱅이굿 대사(1)」이 저본底本이다. 이 채록본은 12과장科場으로 구성된바, 앞의 다섯 과장은 『민속학보』1집(1956.5)에, 뒷부분은 『민속학보』2집(1957.6)에 실린 것이다. 배뱅이가 출생해서 죽는 앞과장보다는 가짜 무당(평양 건달 이광옥) 이야기가 중심인 뒷과장이 귀중하다. 원문은 국한문혼용인데 한자가 필요한 경우만 괄호 안에 한자를 병기하고 한글로 바꾸었다. 전체적으로 구어체의 맛을 살리되 현대 맞춤법에 맞게 수정하고, 오자와 오문은 교정하고, 주를 많이 두어 정본에 가깝도록 애썼다. 각 과장의 제목은 최상수가 붙인 것이다. (최원식)

전언

이 배뱅이굿은 평안도 각 지방에 행하여 오는 창극唱劇 향토극으로서 귀중한 것이라 하겠는데, 그 내용인즉 당시 민간사회의 무격巫覡의 일면상을 여실히 보여주는 것으로서 재미있는 것이라고 하겠다.

이 배뱅이굿은 지금으로부터 15년 전 필자가 민속채집 차 평양에 갔었을 때, 배뱅이굿의 능수 평양 기림리箕林里에 사는 김성민金成敏 씨의 구송에 의하여 필자가 그대로 채록한 것인데, 김성민 씨 자신의 말에 의하면 그는 17세 시에 용강 출신의 자기 선생 성명은 필자가 잊었음에게 배웠다고 한다.

이 극본은 고 송석하宋錫夏 씨가 생전에 채집하고자 하였으나 그는 채집하지 못하였던 것인데, 이제 여기에 이것을 발표함에 당하여 송석하 씨의 영전에 바친다.

끝으로 부기하는 바는 6·25동란이 나기 수개월 전에 모 잡지사에서 싣겠다고 재삼 간청하므로 원고를 내어주었으나, 난리 통에 그만 그 잡지도 못 나오게 되고, 또 원고도 도루 찾을 길이 없더니, 다행히도 서울 복귀 후 서울서 우연히 김씨를 만나게 되어, 그를 내 집에 불러들이어 또다시 채록하게 된 것이다.

석천학인

서막

창唱·「산염불」[1]

"아 헤 헤-에-야 헤-에-야 라 허허야 염불이로다

서산 낙조에 떨어지는 해는 내일 아침이면 다시 보건만

황천黃泉길이 얼마나 멀어 한번 간 사람은 왜 못 오시나?

아 헤 헤-에-야 헤-에-야 라 허허야 염불이로다

통일천하 진시황秦始皇이 만권 서책을 불사를 적에[2]

이별 '별別'자 이별 '이離'자 이 두자는 왜 남겨두었나?

아 헤 헤-에-야 헤-에-야 라 허허야 염불이로다

청산 백옥은 진토塵土에 묻히고 밝은 달은 운무雲霧에 잠겼으니

언제나 구름 걷어 맑으신 광채를 삼천리 강토에 비치어 주나?

아 헤 헤-에-야 헤-에-야 라 허허야 염불이로다."

제1과장 산천기도

옛날 서울서 벼슬하던 이 정승, 박 정승, 김 정승, 삼三 정승
이 사시다 시골로 낙향해 사시는데, 나이 사십이 넘도록 슬하

---

1   황해도 지방의 대표적인 잡가雜歌. 원래 무속 또는 불가佛家의 소리가
     세속화한 것. 평양 무녀들이 부르던 「평양 염불」이 점차 세속화하여
     「해주 산염불」과 「개성 산염불」로 분화했다고 함.
2   책을 태우고 유학자를 파묻은 진시황의 분서갱유焚書坑儒를 가리킴.

膝下[3]에 자손이 없어, 항상 눈물로 세월을 보내더니, 하루는 내하[4] 부인께서 여쭙는 말씀이,

"여보 영감, 옛날 만고 성인 공부자孔夫子[5]도 이구산[6]에다 빌어 가지고 탄생하셨다는데 우리도 산천에 기도나 드려봤으면 어떻습니까?"

대감大監 말씀이,

"마누라 말대로 하십시오."

삼 정승의 부인들은 대감께 승낙을 얻어가지고 산천기도를 올라갈 준비를 하였다. 갖은 음식과 갖은 제물을 잔뜩 차려가지고 산천기도를 들어갈 제,

(창)

"이때 저때 언제냐? 양춘가절陽春佳節[7] 휘늘어진 가지가지도 봄빛인데, 온갖 수목이 울밀鬱密[8]하다. 오다가다 가닥나무,[9] 십 리 절반에 오리나무, 열아홉에는 스무나무, 설흔아홉에 사시四時나무,

---

3 무릎 아래.
4 미상이나, 혹 관청의 안채인 내아內衙일지 모르겠다.
5 공자.
6 공자의 어머니 안顏씨가 노魯나라 곡부曲阜의 이구산尼丘山에 빌어 탄생했으므로, 공자의 이름은 구丘, 자는 중니仲尼.
7 따듯하고 좋은 봄철.
8 촘촘하고 빽빽하다.
9 떡갈나무.

아흔아홉에 백자柘子나무,[10] 둥둥둥둥 둥남기[11]며, 허공 중천에 구름나무,[12] 큰애기 손목에 쥐옴나무,[13] 달 가운데는 계수나무, 온갖 수목이 울밀한데, 낙락장송落落長松[14] 늘어진 가지는 모진 광풍을 못 이기어 우줄우줄 춤추는데, 심산유곡深山幽谷[15]을 당도하고,"

삼 정승의 부인이 이럭저럭 산천을 당도하여 청강고대淸江高臺[16]에 떼 지어 놀고서 하탕下湯에 목욕하고 중탕中湯에 손발 씻고 상탕上湯에 세수하고, 산천기도를 정성껏 드리고 세 집 부인이 집으로 한날한시에 돌아왔습니다.

제2과장 꿈 이야기

정성이 지성이면 지성至誠이 감천感天으로 세 집 부인이 꿈들을 꾸고 그 이튿날 아침에 우물가에 모여 앉더니, 삼 정승의 부인이 꿈 이야기를 하는데, 뒷집 부인이 나오시면서,

10 측백나무.
11 '둥나모'에 주격조사를 붙이면 '둥남기' 즉 '둥나무가'. 둥나무는 아마
    도 등나무일 수 있다.
12 귀룽나무의 북한어.
13 쥐엄나무.
14 가지가 늘어진 키 큰 소나무.
15 깊은 산의 그윽한 골짜기.
16 맑은 강이 보이는 높은 누대.

"나는 어제저녁 꿈을 하도 이상하게 꾸었잖었어요."

가운뎃집 부인이 말하기를,

"아니 꿈을 어떻게 꾸었는데?"

뒷집 부인이 대답하기를,

"엊저녁 꿈에 나는 달을 치마 앞에 셋을 싸보지 않었어요."

가운뎃집 부인이 말하기를,

"형님 꿈 같으면 대몽大夢17이올시다."

그 앞집 부인은 절대 남한테 지기를 싫어하는 부인이라. 그 말씀 듣더니,

"나는 엊저녁 꿈에 달 넷을 치마 앞에다 싸보지 않었어요."

뒷집 부인이 말하기를,

"그 꿈은 나보다 더 좋은걸."

가운뎃집 부인은 늦게야 물동이를 옆에다 끼고 입맛만 '장 먹은 소 입 다시듯' 짭짭 다시면서 나온즉,

앞집 부인이 말하기를,

"저 형님은 왜 입맛만 다실까요?"

가운뎃집 부인이 대답하기를,

"난 엊저녁 꿈자리가 하도 좋지 않어서."

앞집 부인이 말하기를,

"아니 꿈을 어떻게 꾸었는데?"

17 크게 좋을 일이 생기는 길한 꿈.

가운뎃집 부인 말이,

"무슨 새망[18]이라고, 엊저녁 꿈에 비둘기 한 쌍 내려온 것을 받아가지고 이것 모가질 배배 틀어버렸더니, 그 꿈이 좋을는지 나쁠는지?"

앞집 부인이 말하기를,

"형님 꿈 같으면 어무리라[19] 생각지 마시오."

제3과장 배뱅이의 출생

이리하여 이날부터 삼 정승의 부인들은 태기胎氣가 있어 밥에선 생쌀 내, 물에선 화감내,[20] 제일 먹구 싶은 건 시금털털한 개살구요, 그날부터 부인들이 태기가 있은 모양입니다. 대감이 가만 본즉은 자기 부인이 태기가 있는 모양이니, 나이 사십에 첫 애기를 가지니 좀 기쁘겠소. 대감이 자기 부인을 다리고 사랑가를 하는데,

(창)

"둥둥 둥둥 내 사랑아

---

18 북한말로 경솔하고 얄밉게 구는 것.
19 아무려나(아무렇게나 하고 싶은 대로 하라고 승낙할 때 하는 말).
20 아마도 '탄내'의 방언 '화근내'.

어허 둥둥 내 사랑아

저리 가거라 뒷 태도 보자

이리 오너라 앞 태도 보자

둥둥 둥둥 내 사랑아

한 걸음 걸어라 발맵씰 보자

해쭉 웃어라 잇속을 보잔다

어허 둥둥 내 사랑아

네가 무엇을 먹을려냐

둥글둥글 청靑수박을 대모장도玳瑁粧刀[21] 드는 칼로 웃꼭지를 뚝 떼여서 강릉江陵 생청生淸[22]을 쭈르룩 부어, 은동銀銅 골박 수복저壽福箸[23]로 씰랑 쏙쏙 뽑아내고 벌경 점 한 점을 네 잡숫겠느냐?

어허 둥둥 내 사랑아

시금털털 개살구는 애기 서는 데만 잡숫겠소

둥둥 둥둥 내 사랑아"

대감은 밤낮 사랑가만 할 줄 알지 자기 부인이 열 달이 되어서 애기 날 줄은 몰랐습니다. 별안간 대감 앞에서 어린아이를 낳는데,

"아이구 배야, 아이구 배야, 아개개개개……"

(창)

---

21 대모(거북 등 껍데기)로 칼집과 자루를 장식한 장도(주머니 속에 넣거나 옷고름에 늘 차고 다니는 칼집이 있는 작은 칼).
22 벌의 꿀물에서 떠낸 가공하지 아니한 그대로의 꿀.
23 은과 구리로 도금한 '수복' 자를 새긴 수저.

"아이구 배야, 아이구 배야, 영감인지 꽃감인지 나를 가지고 밤낮 사랑가고 빌어먹던 게고, 필경엔 이 지경을 만들어줄 줄이야 누가 알았단 말인고?"

아이고 배야, 아개개개. 이 소리를 들은 대감은 별안간 자기 부인이 배가 아프다고 우니까 애 낳는 줄은 모르고 죽은 줄만 알았던 모양이요, 대감집 앞집에 늙은 노파 한 분이 계시는데, 그 할머니는 여든아홉 살이나 된 할머니라. 이는 다 빠지고 이틀만 남은 호물때기²⁴ 할머니라. 대감이 그 할먼네 집을 쫓아나가더니,

"앞집 할머니 계십니까?"

할머니 대답하기를,

"아이고 아이고, 그 누구요?"

대감이 하는 말이,

"할머니 이거 큰일 났습니다."

할머니 하는 말이,

"거랑말코,²⁵ 무슨 큰일이 났단 말인가?"

대감이 하는 말이,

"우리 집 마누라가 별안간 배가 아프다고 큰 야단 났는데, 할머니 좀 들어가 보십시오."

배가 아프단 말을 듣고 할머니 가만 서서 날짜를 뽑아보니, 열

---

24 이가 다 빠진 입으로 늘 오물거리는 늙은이를 낮잡아 이르는 북한말. 표준어로는 오무래미.
25 변변치 못한 사람.

달이 다 되어서 애기 날 달이 되었는 줄 알고 할머니가 하는 말이,

"나는 별안간에 큰일이 뚝 벌어진 줄만 알았더니, 가만히 서서 날짜를 뽑아보니 열 달이 다 되었은즉, 애기 날 줄도 몰랐단 모양인가. 어디 들어가서 만져보아야지. 나는 눈을 말갛게 뜨고도 자세히 못 보니 메둥이²⁶ 같은 아들이나 하나 낳았나? 어디 좀 만져보자."

만져보더니,

"얘, 요것은 틀렸다 틀렸어."

대감이 하는 말이,

"그래 할머니 뭘 낳았습니까?"

할머니 하는 말이,

"첫 자식으로 보는 금 같은 자식, 메둥이 같은 아들을 하나 낳았나 했더니, 요것은 '한강에 배 지나간 자리처럼' 번숭번숭한 것을 하나 낳았구나."

이리하여 그 집에서는 딸을 하나 낳았습니다. 그 뒷집 부인은 성질이 느려서 애기를 낳는데,

"에이 뻐근하다 뻐근해. 다시 어린애 낳는 건 개딸년이야. 정말 지독하게 배가 아프고나."

남은 배가 아파서 쩔쩔매고 있는데, 앞집 할머니가 주책을 부리고 들어가면서,

---

26 제사 때 올리는 밥을 '메'라 하니, 제사 받들 아이라는 뜻인 듯.

"어디 둘째로 낳는 이 집에서 메둥이 같은 아들 하나 낳았나 보자. 옳지 옳아, 어린애도 젊었을 적에 낳아야 뼈가 노골노골해서 헐하게[27] 잘 낳는데, 나이 사십에 첫 애기를 날래니까 뼈가 굳어져서 거저 뼈근하다 뼈근해."

그리하여 이 집에서도 또 딸을 낳았습니다. 그 가운뎃집 부인은 또 성질이 어떻게 요사스럽고 요사스러운지 애기를 낳는데,

"아이고 어머니, 배 아퍼 죽겠네."

(창)

"전생차생前生此生[28] 무삼[29] 죄로 대장부 몸이 왜 못 되고, 왜 여자 몸이 되어 났어? 아이고 어머니, 배 아퍼 죽겠네."

이리하여 그 집에서도 역시 딸을 낳았습니다.

제4과장 배뱅이의 성장

삼 정승의 부인이 산천기도를 갈 적엔 아들 보려고 기도를 드렸는데, 세 집이 다 딸을 낳으니 섭섭하기가 짝이 없습니다. 섭섭하지만 첫 자식으로 보는 금 같은 자식이니 딸도 이름이나 지어

27 수월하게.
28 이 세상에 태어나기 이전의 생애와 이 세상에서의 생애를 아울러 이르는 말.
29 무슨.

줍시다. 그때 이름을 짓는데, 뒷집 부인은 꿈에 달을 셋을 얻어봤다 해서 세월네라고 달 '월月' 자를 달아서 짓고, 앞집 부인은 꿈에 달을 넷을 봤다고 해서 네월네라고 짓고, 가운뎃집 부인은 꿈에 비둘기 모가지를 배배 틀어버렸다고 해서 이름을 배뱅이라고 지었습니다. 그리하여 뒷집에 세월네, 앞집에 네월네, 가운뎃집에 배뱅이 무룩무룩[30] 자라나는데, 배뱅이 아버지는 어린애를 안고 나와서 언내[31]를 보는데, 이것은 배뱅이 아버지가 보는 것입니다.

"아가 아가. 하 이 계집애가 이쁘기는 이쁘고나. 아가 아가. 응 어디 으르르르르르."

(창)

"둥 둥 둥 내 딸이로구나. 엄마 둥둥 내 딸아,

네가 어디서 생겨나며, 하날에서 떨어졌나? 땅에서 불쿠둥 솟았나? 둥둥둥 내 딸아.

금을 준들 너를 사며, 은을 준들 너를 살거나? 은자동銀子童[32]이냐 효자동이냐 만첩청산에 보배동이로다. 둥둥둥 내 딸아,

네가 요렇게 고울 적에야 너의 어미는 얼마나 곱갔느냐? 둥둥둥 내 딸아."

30 무럭무럭.
31 어린애의 축약어.
32 은같이 귀한 아이.

제5과장 배뱅이의 죽음

이럭저럭 어린아이를 기르는데, 세월이 하도 빨라 책장같이 넘어가는 세월이 물렛살 같이 빨라, 어언간 배뱅이 나이 열여덟 살 먹던 해에 얼굴은 국색國色이요, 배우자는 사서삼경四書三經[33] 이 무불능통無不能通[34]인데, 고문대가高門大家[35]에서 숙녀 있단 말만 듣고 배뱅이가 시집을 갈려고 청혼이 됐던 모양이요. 배뱅이가 시집가서 입으려고 갖은 의복을 비단으로만 잔뜩 해놓고 우연 득병하여 그날부터 앓기 시작을 하는데, 배뱅이가 밖에 나가서 하품을 함함 하고 섰더니,

"아이구 어머님 난 죽으려나 봐요."

배뱅이 어머니가 깜짝 놀라면서,

"아니 네가 죽긴 왜 죽는단 말이냐?"

배뱅이가 하는 말이,

"어쩨 그런지 몸살인지 탯살[36]인지 어깨너머 등살인지, 여하간 두통 통머리가 자끈자끈 아픈 게 나는 죽으려나 봐요."

배뱅이 어머니가 하는 말이,

"배뱅아, 그런 말 말고 네 방에 가 몸조심 잘하고 있거라."

33 사서는 『논어』 『맹자』 『중용』 『대학』, 삼경은 『시경』 『서경』 『역경』.
34 능통하지 않음이 없다.
35 높은 문 큰 집. 곧 명문가.
36 미상이나 임신 증상인 듯. 배뱅이가 중과 결연한 이야기를 암시함.

이리하여 배뱅이 아버지는 건재乾材[37] 약국에 약 지러 간 다음에 배뱅이가 자기 방에 가서 가만히 잠을 드니까 꿈결에 한곳을 당도하니 별유천지비인간別有天地非人間[38]인데, 첫 문간 중문간 마지막 문간을 썩 들어서니 열시왕[39]은 열주列柱[40]하고 최판관崔判官[41]이 문세[42] 집고, 무슨 호령인지 잠깐 나오더니, 일직사자日直使者[43] 월직사자月直使者[44] 한 손에는 철봉鐵棒 들고 또 한 손에는 명패名牌[45] 들고 쭈루루루[46] 내닫더니 배뱅이 문전을 당도하여, 사자가 나와서 배뱅이 부르는 소리에 원근산천遠近山川[47]이 진동한데, 배뱅이가 정신이 없다가 자기 부르는 소리에 깜짝 놀라 깨어보니 자기 모친은 아무것도 모르고 눈이 맑게 앉어 바느질만 하고 앉

37 조제하지 않은 원료 그대로의 약재.
38 "구견창처럼 상삼광이요, 비인간지오복備人間之五福"은 미상인데, 두찬이다. 아마도 인간세계과 다른 저승의 풍경을 묘사한 것으로 짐작돼 수정함.
39 원문에는 '열지왕'인데 '열시왕'으로 교감함. 저승에서 죽은 사람을 재판하는 열 명의 대왕 즉 시왕十王.
40 열주는 줄지어 늘어선 기둥인데, 곧 시왕이 열주처럼 도열한 것을 이름.
41 죽은 사람에 대하여 살았을 때의 선악을 판단하는 저승의 벼슬아치.
42 문서의 방언.
43 저승사자의 하나. 임종에 있는 사람의 죽음을 결정하고 그 혼백을 저승으로 인도하는데, 성질이 매우 포악하다.
44 저승사자의 하나. 여신으로, 임종에 있는 사람의 죽음을 결정하고 죽은 후 저승으로 인도한다.
45 갈 곳을 지정하는 이름표.
46 원문에는 이 뒤에 "…… /(창)/ 내닫더니 배뱅이 문전을 당도하여"로 되어 있었으나, 두찬이라 수정함.
47 가깝고 먼 산천.

았는데, 배뱅이가 자기 어머니 보고 마지막 하소연을 하노라고,

"어머니 난 갑니다."

배뱅이 어머니가 하는 말이,

"아니 네가 가기는 어데로 간단 말이냐? 네가 아침에 뭘 먹지 않더니 네가 정신을 잃은 모양이로구나. 배뱅아, 정신 좀 차려라 응."

배뱅이가 자기 어머니를 붙들고,

(창)

"아이고 어머니, 답답합니다. 저는 가요. 나는 갑니다. 어머니 아버지 기른 은혜 만분지일萬分之一이라도 갚자 했더니 간단 말이 웬 말이요. 뒷집의 세월네야, 앞집의 네월네야, 너희들 같이 놀던 생각을 해서도 너희들 두고서 내가 먼저 가니 원통하고나."

어머니 손목을 부여잡고 흐득흐득 느껴 울더니 배뱅이 세상을 떠나고 말았습니다.

제6과장 배뱅이 양친의 비통

배뱅이 어머니가 기가 막혀, 죽은 배뱅이 이불을 막 씌워놓고, 문밖에 나아가 전후사前後事를 생각하고 섰을 적에, 배뱅이 아버지는 '원님 지나간 뒤에 나팔 부는 격'으로 건재 약첩藥貼[48]이나

48 주로 '약첩이나'의 꼴로 쓰여, 얼마간의 약을 뜻함.

지어가지고, 투두럭투두럭 거리며 들어오더니,

"여보 마누라, 배뱅이 잡디까?"

배뱅이 어머니 하도 기가 막혀서,

"자나 봅디다. 영감 들어가 깨어보시오."

배뱅이 아버지가 들어와서 이불을 베끼고 보니, 언제 죽었는지 배뱅이 신체가 빳빳하게 굳어졌으니까, 배뱅이 아버지 하는 말이,

"빌어먹을 계집애, 장작곰⁴⁹을 먹었느냐? 동태찜을 했나? 왜 이 모양이야?"

지어 왔던 약첩을 문밖으로 와르르 내던지면서, 자기 딸의 신체를 붙잡고 울며 급해서 하는 말이,

"우리 집안이 바로 되려면, 네가 죽고 내가 살았으면 우리 집안은 바로 될 터인데……"

마누라가 옆에서 듣고 하도 어이가 없어서,

"여보 영감, 영감 말대로 우리 집안이 바로 되지 않았소. 배뱅이 죽고 영감 살았으니까, 우리 집안이 되었지 뭐요."

영감이 하는 말이,

"내 총망중忽忙中⁵⁰에 급해서 꺼꾸로 울었지. 그렇게 울 이유가 어디에 있단 말이오. 늙은 놈 내가 죽고 제가 살았으면, 우리 집안은 정말 바로 될 터인데……"

---

49 장작불을 때 고기나 생선을 푹 삶은 국.
50 매우 급하고 바쁜 가운데.

이리하여 영감 마나님은 밤낮 눈물로만 세월을 보내고 있었습니다.

제7과장 배뱅이의 장사

하루는 동내洞內[51] 사람들이 하는 말이,

"영감 마나님, 우지 마십시오. 영감 마나님이 운다고 해서 죽었던 배뱅이가 살아올 리 만무니, 배뱅이 원怨이나 없이[52] 장사葬事나 훌륭하게 지내줍시다."

배뱅이 장사를 지내는데, 훌륭하게 지내던 모양이요.

(창)

"온갖 상두[53]를 차리는데, 상두 복색服色[54]이 현란하다. 남도단緞[55] 차양遮陽에, 백공단白貢緞[56] 휘장揮帳[57]에, 초록 대단大緞[58]에

---

51 동네의 안.
52 못마땅하게 여기어 탓하거나 불평을 품고 미워하는 마음이 없이.
53 상여.
54 상여를 꾸미는 오색 비단의 휘장.
55 김태준 채록본에 나오는 "남방삿도 홑치매"의 '남방삿도'와 연관이 있는 듯하다. 남빛 비단을 가리키는 '남방사주藍紡絲紬'가 '남방삿도'라면, '남도단'은 남주단藍紬緞의 평안도 발음일 것이다.
56 흰색으로 짠, 감이 두껍고 무늬가 없는 비단.
57 피륙을 여러 폭으로 이어 둘러치는 넓은 천.
58 중국에서 나는 비단의 하나.

선 둘러, 스물네 명 상두군은 어깨 위에다 상여를 메고, 공동묘지로 올라가면서 회로가[59]를 슬피 불러,

못 가겠네. 내 못 가겠네. 당상堂上[60] 학발양친鶴髮兩親[61]을랑, 누구를 맽기고 간단 말이오? 얼널널널 어거리 넘차.

황천길이 멀다더니, 대문 밖이 황천이로다. 새벽닭이 제쳐 우니,[62] 서산명월西山明月은 다 넘어가고, 벽수비풍碧水悲風[63]만 슬피 운다. 얼널널널 어거리 넘차.

인제 가면 언제 오나? 삶은 밤이 싹이 나오면, 다시 돌아올까? 병풍에 그린 닭이 홰[64]를 치며 꼭교 울면, 내가 다시 돌아올까? 얼널널널 어거리 넘차."

제8과장 배뱅이의 굿

배뱅이를 이럭저럭 서산에 깊이 안장安葬한 뒤에, 집으로 돌아와 배뱅이 어머니 아버지는 밤낮 눈물로만 세월을 보낼 적에, 동

---

59 상엿소리.
60 원문에는 '장성'이나 '당상'으로 교감. 대청 위.
61 하얗게 센 머리의 부모 두 분.
62 앞다퉈 우니.
63 푸른 물에 부는 쓸쓸한 바람.
64 새벽에 닭이 올라앉은 나무 막대.

냇집 마나님들이 모여서 하는 말이,

"여보 영감 마나님, 밤낮 운다고 죽었던 배뱅이가 살아 돌아올리 만무니, 그 재산은 뒀다 무얼 하겠소. 배뱅이 굿을 한번 해주며는 죽은 혼이 와서 말을 한다니, 그걸 한번 들어봅시다."

어리석은 배뱅이 어머니 아버지는 죽은 배뱅이 혼이 와서 말한단 말을 듣고, 석 달 열흘 백날을 굿날을 받아서 팔도 무당을 모아들여 굿하기 시작하는데, 맨 첫 번째 서울 무당이 들어오더니,

"저 여보세요, 이 댁에서 굿한다지오?"

배뱅이 어머니 대답하기를,

"그렇소. 댁은 어디서 왔어요?"

서울 무당이 말하기를,

"저는 광고를 보고 왔는데, 서울서 왔어요."

배뱅이 어머니 하는 말이,

"그렇지, 서울이 중앙이니까 서울 무당이 먼저 굿을 해야지. 당신이 한 거리[65] 해보시오."

서울 무당이 배뱅이 집에 들어오더니 맨 먼저 굿을 하게 되었습니다.

(창)

"얼시구 얼시구 지화자자 절시구,

님은 가도 봄은 오니, 꽃만 피어도 님의 생각,

---

65 탈놀음, 꼭두각시놀음, 굿 따위에서, 장場을 세는 단위.

구시월九十月 새 단풍에, 낙엽만 떨어져도 님의 생각,

동지冬至섣달[66] 설한풍雪寒風[67]에, 백설白雪이 날려도 님의 생각,

앉어 생각 누어서 생각, 생각 끄칠 날 바이 없네.

얼시구 좋다 지화자 좋네, 태평성대가 좋을시고."

배뱅이 어머니 하는 말이,

"아니 이런 질색이 있어, 배뱅이 혼은 안 들어오고 첫 마수구리[68]가 들어와 자꾸만 님만 찾으니, 그따위로 굿할려면 빨리 나가거라."

이 무당은 님만 찾다가 쫓겨났습니다.

그다음 무당은 강원도江原道 무당인데,

(창)

"헤- 헤- 헤- 헤헤헤 헤헤헤 헤헤 헤헤-"

배뱅이 어머니 말이,

"아니 너는 헤헤가 뭐냐? 빨리 나가거라."

이 무당은 그만 헤헤만 찾다가 쫓겨나가고 말았습니다.

그다음 무당은 전라도 무당인데,

"저 여보게라우, 이 댁에서 굿하는게라우?"

배뱅이 어머니 하는 말이,

---

66 동짓달음력 11월과 섣달음력 12월을 아울러 이르는 말.
67 눈 위로, 또는 눈이 내릴 때에 휘몰아치는 차고 매서운 바람.
68 마수걸이, 하루의 장사에서 또는 장사를 시작하여 맨 처음으로 물건을 파는 일.

"예 굿합니다. 당신 어디서 왔소?"

전라도 무당이 말하기를,

"전 전라도 광주光州서 왔으라우."

배뱅이 어머니 하는 말이,

"그럼 굿 한번 해보시오."

(창)

"나- 나나나나 모모모모모 아아아아아 미미미미미 타타타
타타 불불불불불이-로-다."

이건 더듬다가 쫓겨나갔습니다.

그다음에 들어온 무당은 황해도 무당인데, 이건 까부는 무당
이요.

(창)

"헤, 무정세월아, 오고 가지를 마라.

알뜰한 청춘이 다 늙어간다.

에-에-에에이야 허허허 뭐이야,

얼얼너리고 상사로다."

배뱅이 어머니 하는 말이,

"너도 틀렸다. 빨리 나가거라."

이 무당은 이렇게 까불다가 쫓겨났습니다. 이 많은 무당을, 석
달 열흘 백일 동안 무당을 내쫓기 시작하였습니다.

제9과장 이광옥李光玉의 회심回心[69]

평양 사원[70] 파발擺撥거리[71]에 사는 이광옥이란 사람이 있는
데, 재산은 그때 돈으로 백만금이요, 그 많은 재산을 산, 논, 밭,
집, 전부 팔아가지고, 평양 일등 기생 집에 가서, 기생을 다리고
다 없애 먹기 시작을 하는데, 삼 년이 못 가서 그 많은 재산은 기
생 살림에 다 없앴습니다. 그 기생이 가만히 본즉은, 그 사람하고
더 살아야 이제는 더 가져올 돈이 없은즉, 그 기생이 살림 걷어치
우고서 요릿집에 다시 나가서 기생 노릇을 하는 중에, 삼 년 만에
기생이 요릿집에서 술을 잔뜩 먹고 들어오면서 그 기생이 하는
노래였다.

(창)

"술 취한 강산에 호걸이 춤추고
황금의 천지는 영웅도 우노나.

---

69 나쁜 데 빠져 있다가 착하고 바른길로 돌아온 마음.
70 원院은 조선 시대에, 관원이 공무로 다닐 때에 숙식을 제공하던 곳.
71 파발이란 공문을 전달하기 위한 역참驛站 체계를 가리키니, 파발거리
    는 역참이 있던 곳일 게다. 임진왜란으로 붕괴된 기존의 봉수제 및 역
    로제를 보완·대체하기 위해 선조 30년에 도입되었는데, 역참은 교통
    거점에 둔지라 대체로 인적·물적 교류가 활발한 곳이다.

역발산기개세力拔山氣蓋世[72] 항우項羽[73]의 장사將士[74]라도, 이별에 들어서 장사壯士[75]가 있느냐. 에, 취한다."

기생이 대문 열고 들어오면서 삼 년 동안이나 같이 살던 남편더러 하는 말이,

"에이 이 자식아, 이 쌍통[76]이 전당국典當局[77]에 드나들던 양푼 밑구녕같이 번숭번숭 해가지고, 솥에 군불이나 좀 때고 요강이나 좀 부셔놓려무나, 이 자식아."

이때는 재산 다 없애먹고 개 천대받듯 합니다. 광옥이가 그 말을 듣고 하도 기가 맥혀서,

"에라, 내가 돈 다 없애고 기생한테 천대까지 받을 필요가 있느냐. 진작 돌아가서 평양(사원)에 있는 본마누라[78]나 만나보겠다."

맘을 돌려서 집으로 돌아갈 적에, 뫼 '산山' 자字 보따리를 해 지고, 어슬렁어슬렁 돌아가는 광옥이 바지에는 방울이 줄렁줄렁 매달렸습니다. 이 방울은 소리 나는 방울이 아니라, 바지를 해 입은

---

72 "힘은 산을 뽑고 기개는 세상을 덮는다." 항우가 마지막 전투에서 우희虞姬와 이별하면서 부른 「해하가垓下歌」의 첫 구다.

73 BC 232~BC 202, 중국 진秦나라 말기에 유방劉邦과 천하를 다툰 무장. 진을 멸망시킨 뒤 서초 패왕西楚霸王이라 칭했으나 해하에서 한왕 유방에게 패배하자 자살했다.

74 예전에 장수와 병졸을 아울러 이르던 말.

75 기개와 힘이 아주 센 사람.

76 상통, 얼굴의 속된 말.

77 전당포.

78 맨 처음으로 정식 혼인한 처.

지가 하도 오래되어서, 바지가 해지면 바늘로 깁는 것이 아니라, 해진 자리에 비끄러매고 비끄러매고 한 방울이 줄렁줄렁 매달렸습니다. 이때 집으로 돌아가 보니, 광옥이 집 다 팔아먹어서 자기 부인은 있을 곳이 없어서 오막살이를 짓고 살면서, 우물에 물을 길으러 나왔다가 자기 남편을 보고 우니까, 광옥이 하는 말이,

"마누라 우지 마시오. 내가 이제는 돈은 다 없앴으니까, 이제부터는 한 푼이라도 벌면 벌었지. 없앨 돈은 없으니까 걱정 마시오. 부인이 어린 장손長孫을 하나 잘 길러주면, 내가 이 길로 다시 떠나서, 삼가다 삼 년 만에 들어오면 돈을 벌어가지고 오는 사람이요, 삼 년이 넘으면 내가 죽은 줄 아시오."

제10과장 주막집

자기 마누라 보고 작별의 말을 남겨놓고, 하삼남下三南[79] 지방으로 떠날 적에, 모란봉牡丹峰[80]을 돌아가면서 마음이 심란하여, 「수심가愁心歌」[81] 한마디를 하였다.

---

79 충청도, 전라도, 경상도.
80 평양 북쪽에 있는 작은 산. 꼭대기에 모란대牡丹臺, 최승대最勝臺, 을밀대 따위의 누각이 있고, 동쪽은 절벽을 이루어 대동강大同江을 굽어보고 있어서 경치가 빼어나다. 높이는 96미터.
81 서도창西道唱의 대표적 민요.

(창)

"하, 능라도綾羅島82야 모란봉아, 너 잘 있거라. 좋은 바람 불며 는 또 다시나 보자. 에이 참 기맥힌다."

얼마만큼 가다가 배는 고파 등에 붙고, 날아가는 범나비83 회膾 쳐 먹게 생겼는데, 높다란 고갯마루에 앉아서 다리도 쉴 겸 널찍한 들 가운데를 건너다 본즉, 들 가운데는 궤84딱지만 한 집 한 채가 있는데, 그 집은 뉘 집이냐? 일각一角85 정승政丞 댁에서 대대로 몸종으로 있던 부인이 하나 있는데, 젊었을 적엔 정승댁에서 몸종으로 있었지만, 연세가 많으니까 종노릇도 못 하고, 들 가운데 나와 앉아서 막걸리를 한 통 해놓고는, 마수걸이나 좀 잘해볼까 하는 차제에, 하필 재수가 옴86 붙느라고 평양서 돈 다 없애먹은 건달 녀석이 첫 개시에 걸리게 되었습니다.

"이 댁에 주인 계십니까?"

탁주濁酒집 할머니, 이는 다 빠진 호물때기 할머니가 나오면서,

"에이고 에이고, 그 누구요?"

광옥이 하는 말이,

"나 지나가던 행객입니다."

---

82 대동강에 있는 섬. 경치가 아름다워 예로부터 기성팔경箕城八景의 하나로 꼽힘.
83 호랑나비.
84 게.
85 대문간이 따로 없이 좌우에 기둥을 하나씩 세우고 문짝을 단 대문.
86 옴벌레가 옮아 붙어서 생기는 전염 피부병.

할머니 하는 말이,

"지나가던 행객이면 시장하시겠구먼. 우리 집 안방으로 좀 들어앉으시라고."

광옥이 하는 말이,

"할머니 막걸릿잔이나 좀 해놓고 파십니까?"

할머니 대답이,

"늙은 년이 막걸릿잔을 해놓고 좀 팔긴 파느라고 하지만, 미끈한 젊은 사람들은 기생의 집에만 가지, 나이 많다고 우리 집에야 잘 찾아오나?"

광옥이 하는 말이,

"아, 할머니 그렇지 않겠습니까?"

호주머니를 뒤져보니 쓰던 엽전 세 닢이 들었은즉,

"할머니 요것 맞돈[87]입니다. 아, 술 한 사발만 주시오."

할머니가 엽전 세 닢을 받아가지고 좋아서 안으로 쫓아 들어가더니, 하얀 사발에다가 노란 막걸리를 한 사발 떠다 주니, 광옥이가 한 사발을 먹고는 몹시 시장했던 길이라, 간에 기별도 안 해서 다시 할머니를 한번 불러봅니다.

"할머니!"

하고 부르니, 할머니가,

"왜 또 이렇게 젊은 사람이 늙은 사람 보고 다정스럽게 부르노?"

87 물건을 사고팔 때, 그 자리에서 물건값으로 직접 치르는 돈.

광옥이 하는 말이,

"내 강원도 땅으로 장사 가는 사람인데요, 갔다 오는 길에 외상 값을 후히 갚아드릴 테니, 나 술 한 사발만 외상 더 주겠습니까?"

할머니 깜짝 놀라면서,

"외상 외상, 쌍통 봐라, 전당국에 드나들던 양푼 밑구녕 같이 쌍통이 번숭번숭 해가지고, 생전 전대纏帶[88] 구녁[89]으로도 보지 않던 새끼가 나 보고 술 외상 달라고, 쌍년의 새끼 같으니라고."

광옥이가 욕만 하고 술 외상은 안 주니까 부아가 나서,

"아니, 이놈의 늙은이, 뭐라고? 말만 들었지 맞어보지도 못한 모양이로구만. 술 외상 안 주거든 애초 그만둬 버리지, 엿장사 가위질하듯 아가리로 욕은 어따 대고 함부로 넉장[90]녁장대는 거야."

앞에 있는 막걸리 독을 들고 독채로 할머니를 넘겨 씌우려 하니, 할머니 무서워 벌벌 떨면서 하는 말이,

"네 끔찍스러이 그러지 마라. 네 눈구멍을 가만히 보니, 벌건 줄이 왔다 갔다 하는 게 다 살은 늙은이 나 하나 때려죽이고, '맹꽁이 시계'[91] 차고 장장사葬場社[92] 감 되겠네. 곱게 먹고 곱게 가거라."

광옥이 옆에 있던 술독을 들고 독채 맘대로 한참 집어생키더

88 돈이나 물건을 몸에 지니기 위해 무명이나 헝겊 따위로 길게 만든 자루.
89 구멍.
90 늑장, 느릿느릿 꾸물거리는 태도나 행동.
91 수갑.
92 장의사. 즉 사형된다는 뜻.

니, 못된 속에 술이 들어가니까 주정을 하기 시작하는데,

"애, 취한다. 애, 이놈의 늙은이야, 술 외상 안 주겠거든 고만둘 것이지 말이야, 욕은 어따 대고 함부로 하는 거야. 쌍, 거랑말코 같은 할미야, 요놈의 할미 모가지를 잠자리 모가지 뽑아버리듯 할까 보다."

할머니가 어찌 무섭든지 부엌으로 내려가서 오줌을 쌀쌀 싸며 하는 말이,

"네 암만 끔찍스러이 그래 봐라. 마지막에 술 다 깬 다음엔, 똥 묻은 잠뱅이[93]라도 벗어 놓고야 갈리로다."

광옥이가 술이 잔뜩 취해서 밤새도록 주정을 하며, 이를 부득 부득 갈면서 자고 있는데, 할머니가 무서워서 청주淸酒를 떠가지고 터전[94]에 나가 밤새 비는데,

"곱게 물려주시오. 곱게 물려달라구요, 정월 초하룻날 '터전 영감'[95] 전에 한 잔 못 떠논 죄로, 미진한 인생 잘못한 건 다 눌러 담당하구요, 술주정뱅이 곱게 물려달라구요, 곱게 물려달라구요."

할머니가 이와 같이 밤새 빌고 들어오니, 광옥이 그 이튿날 아침 술이 다 깨어서,

"할머니 냉수 한 그릇 주시오."

93 가랑이가 무릎까지 내려오도록 짧게 만든 홑바지.
94 집터가 되는 땅.
95 터주신.

할머니가 하는 말이,

"얘 냉수 줄 테니까, 오늘 아침은 냉수 먹고 속 차리고 곱게 가거라, 곱게 가."

광옥이 하는 말이,

"할머니 곱게 가지요."

대답을 하곤 밖으로 나와서 정신을 차리고 듣자니까, 그 할멈네 뒷집에서 굿을 하거든요. 그 굿하는 소리를 듣고서, 광옥이가 안으로 쫓아 들어가면서 할머니 보고 하는 말이,

"할머니, 저 뒤에서 굿을 하는데 무슨 굿이오?"

하고, 물었습니다. 할머니 대답이,

"그것이 배뱅이굿이란다, 배뱅이굿."

광옥이 하는 말이,

"아니 첨 듣는 말인데, 대관절 배뱅이굿이 뭣이오?"

하고 물은즉, 할머니 대답이,

"배뱅이굿이 다른 게 아니고, 내가 배뱅이 집 내용을 잘 아니까 아는 대로 내가 너를 똑똑히 알으켜줄 터이니, 너 주정만 하지 말고 좀 자세히 들어봐라. 배뱅이굿이 다른 게 아니라, 서울서 벼슬하던 삼 정승이 우리 집 뒤에 와서 가지런히 잘 살더니만, 나이 사십이 넘도록 슬하에 자손이 없어 눈물로 세월을 보내다가, 산천에 기도를 드려가지고 세 집이 다 딸을 낳아서, 뒷집엔 세월네라고 이름을 짓고, 앞집은 네월네라고 이름을 짓고, 가운뎃집은 배뱅이

라고 이름을 지어서, 똑같이 무럭무럭 자라다가, 배뱅이 나이 열여덟 살 먹던 해에, 시집 보내겠다고 의복을 비단으로만 짠뜩 해놓고, 앓다가 갑자기 죽어서, 지금 배뱅이 혼 들어오라고 굿을 하는데, 나도 지금 생각하면 남의 일 같지 않아, 막 울겠잖아. 악-”

광옥이 하는 말이,

“할머니 울지 말고 말씀하시오. 할머니 그럼 그 집이 부잣집입니까?”

할머니 하는 말이,

“부잣집이고 말고, 배뱅이가 의복을 비단으로만 잔뜩 해놓고 죽었는데……”

광옥이 묻는 말이,

“그럼 할머니가 그 비단 이름을 다 아시지요?”

할머니 대답이,

“내가 촌 할머니가 돼서 이름까지야 아나? 비단이 무늬가 돋쳤는데, 달같이 둥글한 무늬도 있고, 해같이 번들번들한 무늬도 있고, 구름 같이 뭉게뭉게 피어 올라가는 무늬도 있더라.”

광옥이 하는 말이,

“그거 좋은 비단이로군요. 그 비단 이름이 일광단日光緞, 월광단月光緞, 제갈공명諸葛孔明 와룡단臥龍緞이란 비단인데, 그래 그 의복은 배뱅이가 몇 벌이나 해놓고 죽었습니까?”

할머니 대답이,

"겹바지[96] 저고리가 일흔다섯 벌, 치마가 설흔다섯 채, 옥양목
玉洋木[97] 버선이 여든다섯 켜레나 해놓고 죽었소?"

광옥이 하는 말이,

"거 참, 많이 해놓고 죽었구면요. 그럼 배뱅이가 돈도 좀 있었
습니까?"

할머니 하는 말이,

"돈도 있고 말고. 배뱅이가 귀여운 딸이라고, 밖에 나가 놀면
나가 논다고 노랑돈[98] 한 푼 주고, 방에 들어와 놀면 들어와 논다
고 돈 한 푼 주고 하여, 한 푼 두 푼 모은 돈이 아흔아홉 냥兩 칠 푼分
오 리厘를 모아서, 안방 빼다지[99]에 그냥 넣어놓고 죽었단다."

광옥이 또 묻는 말이,

"그럼 세월네 네월네는 시집을 가서 잘 삽니까?"

할머니 대답이,

"그 애들은 아직 시집들은 안 가서, 배뱅이 어머니가 가끔 그 애
들을 보면 죽은 배뱅이 생각이 나서, 속이 좋지 않은 모양이야."

광옥이 하는 말이,

"할머니 그렇지 않겠습니까? 그럼 그 집서 굿을 며칠쯤 합니까?"

할머니 하는 말이,

96 솜을 두지 않고 거죽과 안을 맞추어 겹으로 지은 바지.
97 생목(전통 무명천)보다 발이 고운 수입 무명.
98 노란 빛깔의 엽전.
99 서랍처럼 빼고 닫을 수 있게 만든 가구.

"석 달 열흘, 오늘이 마지막째 굿하는 날이야."

광옥이는 다 듣고 나서,

"네, 잘 알았습니다. 할머니 그럼 안녕히 계십시오. 내 강원도 갔다 오는 길에 술 외상값은 후히 갚아 드릴 테니 안녕히 계십시오."

할머니 하는 말이,

"에이 이 자식아, 내 너한테 술 외상값 안 받을 터이니까, 이다음에 다시 올려거든 우리 집으로 바로 오지 말고 멀리로 돌아가거라. 너 다시 보면 학질 떨어지겠다,[100] 이놈의 자식아."

그때는 할머니가 광옥이한테 어찌도 주정을 받았든지, 술값 다시 내라고 못 합니다.

그리하여 평양 이李 건달 광옥이는 술집 할머니한테 배뱅이 굿하는 내용과 내력을 잘 알아가지고 배뱅이 집으로 건너가게 되었습니다.

제11과장 배뱅이의 마지막 굿날

배뱅이 집을 건너와 배뱅이 집 대문 안을 가만히 서서 들여다보니, 그때 팔도 무당들이 모여서 굿을 하는데, 재산을 다 없애먹

---

100 학질은 말라리아로, '학질 떨어지다'는 괴롭고 어려운 상황에서 벗어나느라 진이 빠지거나 질리게 됨을 가리킨다.

은 건달이 굿하는 격식을 압니까, 굿하는 내력을 압니까, 굿을 할
줄 모르니까 무당들 굿하는 뒤에 들어가서 덮어놓고 호령조로
한마디 하는데,

(창)

"혜-에-에에이 에헤, 어떤 신장神將[101]이며, 어떠한 성신星辰[102]
인 줄 알았더냐? 앞다리 선각先脚[103]에 뒷다리 후각後脚[104]에, 양
지머리[105] 큰 칼 꽂고 노던 신장이라고 여쭈어라. 하늘을 쓰고 도
리질하고, 멍석을 말아 대피리[106]를 불던 신장이니, 너희들이 내
가 온 줄을 몰라보면 괘씸하니, 즉사박사卽死撲死 횡명사橫命死[107]
횃대똥[108] 싸고 나가자빠지리로다."

큰무당[109]들이 그 말을 듣고 깜짝 놀라면서,

"에크, 이거는 대단한 무당이 들어왔구나."

큰무당들이 가만히 보니까 잘못됐다 좀 빌어야 되겠는데, 잘
못 빌다간 손바닥이 꽉 붙을까 봐 겁이 난즉, 큰무당들이 손을 대

---

101 귀신 가운데 무력을 맡은 장수신. 사방의 잡귀나 악신을 몰아낸다.
102 원문에는 '성신聖神'이나, '성신星辰'으로 교감함. 별.
103 네발짐승의 앞쪽 두 다리.
104 네발짐승의 뒤쪽 두 다리.
105 소의 가슴에 붙은 뼈와 살을 통틀어 이르는 말.
106 왕대로 만든 피리.
107 바로 죽고 때려 죽고 제명에 못 죽음.
108 몹시 힘차게 내깔기는 물똥.
109 정통을 이으며 연조도 오래되고 영검하기로 널리 이름이 난 무당.

서 빌지는 못하고 손을 떼어가지고 비는데,

(창)

"헤에이 에에이 야, 쇠술110로 밥 먹는 인간이, 아는 것은 없사
옵고 모르는 것이 많사와, 이 영검111한 신장님께서 소인을 눌러
담당하옵소서."

하고 빈은즉, 건달이가 가만히 보매 자기가 굿은 할 줄 모르나,
큰무당들이 자기한테 비는 것을 보니까 기분이 좋아서, 대청마
루로 후닥닥 뛰어 올라가면서, 정말 진짜 배뱅이가 온 것처럼, 덮
어놓고 '왔구나' 소리만 불러볼 작정입니다.

(창)

"왔구나, 왔구나, 왔구나, 왔구나, 왔구나, 왔구나……"

하고 부르니까, 배뱅이 어머니는 아무것도 오지 않는다고 자
기 방에서 울고만 있는데, 그때에 함경도咸境道에서 살던 부인이
하나 굿청廳112에 가까이 섰다가 가만히 들어본즉, 무당이 딴소리
하는 건 없고 덮어놓고 왔구나 소리밖에 없은즉, 그 부인이 주책
이 없어서 남보다 먼저 뛰어나오는 사람인데, 일어나면서 함경
도 사투리로 한마디 하는데,

"이리 옵세, 이 나그네, 왔데이 왔데이 무스고 왔데이. 과연 기

---

110 놋쇠 따위의 쇠붙이로 만든 숟가락.
111 사람이 바라는 바를 들어주는 신령한 힘.
112 굿을 하는 총본부가 되는 곳.

차지비[113] 말하고 봅세."

그때에 건달이가 굿은 하지는 못하고 눈치로만 때려잡는데, 배뱅이 어머니는 서울서 살던 양반이라니까 서울 말씨로 할 터인데, 함경도 사투리가 나오는 것을 본즉은, 저것은 배뱅이 어머니가 아니로다. 눈치껏 들어가서 함경도 집 어머니를 한번 불러봐 가지고, 굿이 맞으면 계속해서 굿을 좀 더 하지만, 안 맞으면 슬며시 뛸 작정입니다.

(창)

"어머니 어머니 어머니, 우리 어머니는 어디 가고 함경도 어머니가, 그지간間[114] 기체후일향만강氣體候一向萬康[115]하옵나이까?"

이때 그 부인이 가만히 들어본즉, 함경도 집 어머니란 말이 내용이 슬며시 들어맞으니까, 배뱅이 어머니 있는 방으로 불나케 뛰어 들어가면서,

"왔데이 왔데이 무스고 왔데이. 과연 기차지비 나가보옵세이."

하면서 배뱅이 어머니 손목을 끌고 나온즉, 이때에 건달이가 가만히 눈치를 보니, 말솜씨가 나오는 것이 배뱅이 어머니 같아서, 눈치껏 들어가서 진짜 어머니를 한번 불러볼 작정입니다.

(창)

113 아마도 '차례로'.
114 그사이.
115 몸과 마음의 형편이 한결같이 아주 평안함.

"어머니 아버지가 날 찾는 지가 벌써 석 달 열흘, 오늘이 마지막 가는 줄을 알았어도, 터전에서 받지 않고 지운地運[116]이 허락지 않길래 여지껏 치성致誠[117]하다가, 평양 사는 박수무당께 몸을 빌고 입을 빌어, 먼저 간 구舊 조상, 나중[118]에 간 신新 조상과 앞세우거니 뒤세우거니, 불초不肖[119] 여식女息 배뱅이 혼이 왔건만, 왔으니 오는 줄은 뉘가 알며. 가니 가는 줄을 누가 알겠소. 어머니가 내가 온 줄을 알며는, 동지섣달 꽃 본 듯이 화닥닥 뛰어나오시련만, 원통하고도 분하고나."

이때 광옥이가 울면서 가만히 눈치를 보고 섰은즉, 이 소리를 배뱅이 어머니가 듣긴 들었지만 여러 무당한테 많이 속아서 이번에도 진짜 배뱅이가 와서 이러나? 이것을 알 수가 없어서, 배뱅이 어머니는 가만히 듣고만 섰지 울지는 않거든요. 이때에 건달이가 가만히 듣고 섰다가, 배뱅이 어머니 가슴을 한번 뜨끔하게 놀래주고서 돈을 좀 벌어가지고 갈려면, 술장사 할머니가 해준 이야기를 전부 다 끄집어내 놓아야 하겠단 말이지. 그래 술장사 할머니가 대어준 이야기를 전부 다 끄집어내 놀 작정입니다.

(창)

116 땅의 운수.
117 신이나 부처에게 지성으로 빎.
118 나중.
119 아버지를 닮지 않았다는 뜻으로, 아들이 부모를 상대하여 자기를 낮추어 이르는 일인칭 대명사.

"어머니 아버지, 나 같은 불초 여식 배뱅이를 길렀다가 무엇에다 쓸렸든지, 뒷집의 세월네 어멈과 앞집의 네월네 어멈과 한날한시에 산천에 기도드려 열 달 배서리 탄생한 후에, 한두 살에는 철을 몰라 부모 은공 못 다 갚고, 내가 열여덟 살 먹던 해에 나 시집 보내겠다고 의복해놓고 죽은 것 있지 않습니까? 어머니 아버지, 의복으로 말하면 비단으로만 해논 것이 해를 그려 일광단, 달을 그려 월광단, 제갈공명 와룡단, 겹바지저고리 일흔다섯 벌, 치마가 설흔다섯 채, 옥양목 버선이 여든다섯 켤레나 되고, 내가 나가 놀면 나가 논다고 노랑돈 한 푼 주고, 들어와 놀면 들어와 논다고 또 한 푼 주어, 한 푼 두 푼 모은 돈이 노랑돈 아흔아홉 량 일곱 돈 칠 푼 오 리를 모아, 안방의 고랑[120]에 넣어두고 죽지 않았습니까? 어머니 아버지, 평양 사는 박수무당이 신세身世[121]로 말하면 머리를 베어 신을 삼어[122] 드려도 못 다 갚겠으니, 생전에 배뱅이 나 주는 듯이 내 의복과 우리 집 재산 있는 대로 사원 파발거리로 전부 다 내실려 주구려."

이때에 배뱅이 어머니가 그 말을 듣더니, 가슴이 뜨끔한 것이 이번엔 진짜 배뱅이가 온 줄 알고서, 배뱅이 어머니가 입을 가지고 비쭉비쭉 하더니 울며 하는 말이,

---

120 제10과장에 "안방 빼다지"를 참고하건대, '고랑'은 옷장 서랍을 가리킬 것.
121 다른 사람에게 받은 도움 또는 다른 사람에게 끼친 폐나 누累.
122 짚신이나 미투리(삼이나 노 따위로 짚신처럼 삼은 신) 따위를 결어서 만듦.

(창)

"요놈의 종자야, 살았을 때도 똑똑하더니 죽어서도 영리하고 똑똑하고나. 네 말대로 네 의복이 다 무엇이며, 우리 집 재산이 다 무엇이냐. 네 원대로 의복과 재산을 사원 파발거리로 다 실려 줄 터이니, 마지막 왔던 길에 네 어미도 아주 데리고 가거라."

이렇게 울고 있은즉, 배뱅이 아버지는 뒤에 나와 가만히 들어 보니, 요것은 정말 배뱅이가 온 줄 알고서, 배뱅이 아버지는 원래 양반이라 남부끄럽게 크게는 울지 못하고, 성난 두꺼비 숨 쉬듯 배만 풀두럭풀두럭 하면서,

"빌어먹을 계집애, 네가 안 온다 안 온다 하더니, 오늘이야 배뱅이가 왔고나. 마지막 왔던 길에 네 하고 싶은 말이나 원대로 실컷 다하고 가거라. 우리집 재산 다 가져가고, 가져갈 것 없으면 마지막엔 우리집 기둥뿌리라도 다 빼어가거라, 이 빌어먹을 계집애야."

이 어리석은 배뱅이 어머니 아버지는 정말 배뱅이가 온 줄 알고서, 크나큰 재산을 조곰도 아낌없이, 그때는 자동차 기차 비행기 그런 것은 없던 시대라, 소바리[123] 말바리[124] 마차에 실어서, 그 재산을 사원 파발거리로 다 내실려주고 말았습니다. 그때에 광옥이가 그 재산을 가지고 집으로 슬며시 갔으면 괜찮은데, 세월

---

123 등에 짐을 실은 소. 또는 그 짐.
124 표준어는 마바리. 짐을 실은 말, 또는 그 짐.

네 네월네가 시집을 안 가고 집에 남아 있단 말을 듣고, 이 젊은 놈 맘에 한번 만나보고 싶어서, 또 한 수작을 한번 부쳐봅니다.

(창)

"어머니 아버지, 불쌍히 죽어간 배뱅이 혼이 오늘 마지막 왔다 가는 길에 원통하고 분한 일이 또 한 가지 있고나. 뒷집의 세월네야, 앞집의 네월네야, 너희들이 생전에 나와 같이 노던 생각을 해서도 곁에 와 있으면서 내가 죽었다고 괄세를 하고, 나를 나와서 만나보지를 않고 집으로 그저 돌아가는 너희들이 괘씸하니, 내가 황천으로 들어갈 적에 너희 두 놈의 계집애들을 잡아 앞세우고야 말겠데이."

세월네 네월네가 가만히 들어보니까, 큰 야단이 났단 말이요. 진작 나가서 만나봤으면 좋을 것을, 죽은 배뱅이가 와서 잡아가겠다니까 겁이 나서 세월네 네월네 두 처녀가 얼른 굿청으로 나오면서 하는 말이,

"계집애도야, 같은 값이면 여자 무당한테 혼이 붙어 왔으면, 나가서 실컷 하고 싶은 말이나 여자끼리 하지 않겠니? 하필 남자 무당한테 혼이 붙어 올 것이 무언고?"

가만히 들어보니까, 세월네 네월네인 줄을 눈치로 알았지만, 똑같은 처녀가 둘인데 요쪽에 선 것이 세월넨지 저쪽에 선 것이 네월넨지 알 수가 없어서, 슬며시 이름을 불러볼 작정입니다.

(창)

"세월네 네월네야, 너희들께 내가 복은 못 주나마 화禍[125]야 어찌 주고 갈 수가 있겠느냐? 마지막 왔던 길에 너희들께 물어볼 말이 또 한 가지 있고나. 나는 죽어 북망산천北邙山川[126]에 들어갔어도 아직껏 이름을 고치지 않았다만 해도, 너희들은 그동안 나 죽은 뒤에 이름이나 고치지 않았느냐?"

세월네 네월네가 이 소리를 가만히 듣고만 있으면 괜찮은 걸, 세월네 네월네는 원래 주책이 없어서, 세월네가 먼저 뛰어나오면서,

"아이고야, 별소릴 다하는고나. 네가 죽은 다음에 이름을 왜 고친단 말이냐. 나는 너 죽은 다음에 세월네대로 그냥 두어뒀단다."

광옥이가 가만히 눈치를 보니까, 여기 일어선 것이 세월네라 할 적에, 앉은 것은 네월네가 분명하단 말이요. 세월네 네월네 두 여자를 앞에다 썩 세워놓고 보니까, 그 놀던 솜씨라 젊은놈 마음에 처녀들 손목을 한번 만져보고 싶어서, 또 한 수작을 부쳐봅니다.

(창)

"세월네 네월네야, 너희들을 보니 어디 생전에 한번 나가 놀던 생각이 또다시 나는구나. 어렸을 적에 자고 나면, 우리 집 후원後園 앵두나무 밑에서 소꿉장난하며, 네 손목이 굵으냐 내 손목이 굵으냐, 하고 서로 만져보던…… 마지막 왔던 길이니 너희 손목이

---

125 재앙.
126 사람이 죽어서 묻히는 곳. 옛날 중국 낙양洛陽 북쪽의 작은 산, 북망산에 제왕帝王이나 명사名士들의 무덤이 많았다는 데서 온 말이다.

나 한 번씩 만져보고 가잤구나."

세월네 네월네가 가만히 들어보니까, 두 처녀는 양반의 집 딸이라, 이런 소리는 생시엔 고사姑捨[127]해놓고 꿈속에도 못 들어보던 말이라, 남부끄러워 얼굴이 빨개지면서,

"망칙스럽게 별소릴 다 하는구나."

하면서 싹 돌아서니, 동네집 늙은 할머니가 주책을 부리고 나오면서,

"야, 세월네야, 그 박수무당이 남자지만 귀신이 붙어 온 몸이라 괜찮다, 괜찮아. 너희들 그러다 잡아가면 어떡하겠니? 너희들니가 손목 한번 잡아 보고 가라고 그래라. 괜찮다, 괜찮아."

두 처녀가 할먼네가 그러니까 안 만져볼 수도 없고, 남부끄러워서 얼굴은 슬쩍 돌리고 손목만 내저으면서,

"엣다, 만져봐레이."

내댄즉, 광옥이가 나가서 두 처녀 손목을 만져보니까, 생전 일도 안 하고 놀던 손목이라 보들보들한 손목이 기분이 괜찮단 말이오. 섣달 그믐달 두부 자르듯이 손목을 주물럭주물럭하고 있은즉, 청년들이 뒤에서 구경하다 본즉, 울화鬱火통이 터져서 동내 청년들이 하는 말이,

"저런 괘씸한 자식이 있어, 우리는 한동내 있으면서 말도 잘

---

127 어떤 일이나 그에 대한 능력, 경험, 지불 따위를 배제하다. 앞에 오는 말의 내용이 불가능하여 뒤에 오는 말의 내용 역시 기대에 못 미침을 나타낸다.

못 건네봤는데, 천통[128]에 개 뛰어들 듯 굿청에 뛰어들어서 남의 집 크나큰 재산 다 가져가, 마지막엔 양반의 딸 세월네 네월네 손목을 다 쥐어보니 저런 괘씸한 자식이 있어, 저 자식 이리 끌고 나오라, 실컷 두들겨 패 보내게."

그 동내에 제일 경우[129] 밝은 친구가 나서며,

"여보, 당신네들 다 안 될 말이요, 그 사람이 무단히[130] 그런 게 아니라 귀신이 붙어 와서 그런다는 걸. 남 귀신 붙은 몸을 무단히 끌어내다 패는 것도 인간 도덕상 틀린 일이고, 남의 여러 날 굿하는 데 방해야. 우리가 배뱅이 혼이 온 것을 쉽게 알려면 좋은 수가 있네, 수가 있어."

동내 청년들이 하는 말이,

"아니, 수는 무슨 수요? 옥수수란 말이오?"

경우 밝은 친구가 하는 말이,

"배뱅이가 생전에 자기 아버지 갓을 잘 가지고 놀았다는데, 정말 배뱅이가 왔다고 할 것 같으면, 자기 아버지 갓을 잘 알 것 아니요? 동내 갓들을 갖다 굿청에다 많이 쌓아놓고, 배뱅이 아버지 갓을 몰래 가져다 섞어놓으면, 그 많은 갓 중에서 배뱅이 아버지

---

128 밥통.
129 경위經渭. 사리의 옳고 그름이나 이러하고 저러함에 대한 분별. 중국의 경수涇水의 물은 흐리고 위수渭水의 물은 맑아 뚜렷이 구별된다는 데에서 나온 말이나 건륭제 때 확인해보니, 실제로는 경수가 맑고 위수가 흐렸다고 한다.
130 사전에 허락이 없이. 또는 아무 사유가 없이.

갓을 찾아놓으면 그냥 잘 보내지만, 만일 그것을 못 찾아놓으면 저 자식을 이리 끌고 나와서, 사월 초파일初八日날 조기 대강이 부시도록[131] 합시다."

그 말을 들은 동내 청년들은 동내 갓을 전부 모아다가 굿청에다 놓고, 배뱅이 아버지 갓은 몰래 섞어놓고서, 박수무당더러 하는 말이,

"자, 네가 배뱅이가 왔다니까, 이 많은 갓 중에 저희 아버지의 갓이 있어, 저희 아버지 갓을 찾아놓으면 네가 잘 가지만, 만일 네 그 갓을 못 찾으면 너는 오늘 모가지 없는 귀신을 만들어 보낼 터이야, 이 자식아."

광옥이가 그 말을 가만히 들어보니, 큰 야단이 났단 말이요. 재산 가지고 슬며시 뛰었으면 괜찮을 걸, 세월네 네월네 손목 쥐어보려다가 큰 매를 맞게 생겼단 말이오. 사람이 급할 때는 좋은 꾀와 머리를 잘 써야 합니다. 그때는 슬쩍 머리를 써봅니다. 아, 배뱅이 아버지 갓은 벼슬하던 양반의 갓이라니까, 이 많은 갓 중에 양반의 갓도 있고, 상놈의 갓도 있을 터이니, 덮어놓고 호령을 한번 해볼 터입니다. 광옥이가 갓을 집어 들고 수작을 한번 부쳐봅니다.

(창)

---

131 음력 4월 8일(부처님 탄신일)에 집집마다 조기를 먹는 풍습에서 '어떤 일을 저마다 다함'을 비겨 이르는 말.

"헤, 동내 사람들이 그중 괘씸하고나. 우리 아버지는 일국—國의 정승으로 지내다가, 시골 낙향해 평민과 같이 산다만 해도, 상놈의 갓하고 양반의 갓하고 한 자리에다 섞어놨으니, 동내 사람들이 괘씸해, 무엄無嚴¹³²한 보람을 보여줘야만 하겠구나. 우리 아버지 갓 하나만 남기고 모두 다 찢어버리고 가겠다."

그리고 눈치만 슬슬 보면서 염불 한마디에 갓 한 개씩 찢을 작정입니다. 갓을 턱 집어 들더니,

(창·산염불)

"이리 보고 저리 보아도, 우리 아버지의 갓은 아니로구나."

쫙– 찢은즉 저쪽 한 사람이 섰다가,

"에크, 내 갓 찢었다. 재수 없네, 재수 없어."

광옥이가 갓을 한 개 찢고 눈치를 가만히 본즉, 그 사람이, 찢은 갓 임자가 분명하긴 하나, 그렇지만 갓 한 개 찢고는 눈치를 잘 모르겠으니까, 몇 개 좀 더 찢어볼 작정입니다. 그때는 염불로 찢기 시작을 하는데,

(창·염불)

"이리 보고 또 들고 보아도, 우리 아버지 갓은 또 아니다."

쫙– 찢으니까 저쪽의 한 사람이 섰다가,

"에크, 내 갓 또 찢었네. 재수 없네, 재수 없어."

갓을 두어 개 찢고 가만히 눈치를 보고 섰자니까, 그 동내 사는

132 삼가거나 어려워함이 없이 아주 무례함.

제일 약은 친구가 하나, 굿청에 가까이 섰다가 굿청을 싹 넘겨다 본즉, 그다음은 자기 갓이 찢어질 차례니까, 약은 친구는 일어서면서,

"동내 사람들, 참 그 박수무당 영검합니다, 영검해. 따는 그렇지 뭐예요, 아까 뭐라고 그럽디까? 양반의 갓하고 상놈의 갓을 한데 섞었다고 괘씸하다 그러지 않았었소. 정녕 배뱅이가 오긴 왔는데, 저 솜씨에 귀신이 이제 부하[133]가 나서 갓 다 찢어, 다 찢어. 동내 사람들이 얼른 속 차리고 갓들 다 집어 가야지. 세월네 네월네 손목 쥐어봤다고 저 사람께 분풀이 좀 하려다가 저 솜씨에 갓 몽탕[134] 찢으면 이 동내 갓 씨맹이[135]도 없어지네, 씨맹이도 없어져."

이 소리를 듣고 광옥이는 신이 나서, 두 개 세 개 한꺼번에 막 잡아 찢는 판입니다.

(창)

"이리 보고 저리 보아도, 우리 아버지 갓은 또 아니다."

쫙- 찢으니까, 그 약은 친구가 냉큼 뛰어들면서,

"여, 동내 친구들, 내 갓은 찢기 전에 미리 집어 가겠습니다."

하면서 집어 간즉, 또 한 친구가 들어오면서,

133 부아.
134 몽땅.
135 종자.

"아니 여보, 당신 혼자만 갓 집어 가겠소? 내 갓 찢으면 내 사돈 집에 갈 적에 맨머릿바람[136]으로 가란 말이오? 나도 집어 가겠소"

하고 들고 나가니까, 그 수많은 동내 사람들이 왁 하고 대들면서,

"아이고, 내 갓, 내 갓."

하며, 서로 쌈질을 하면서 갓을 집어 가는 중에, 광옥이는 가만히 서서 보기가 심심하니까, 서서 꼭 이따위 수작만 합니다.

(창)

"빨리 와 골라 가거라, 골라 가. 얼른 와서 골라 가거라. 배뱅이 아버지 갓 하나만 놔두고 몽땅 다 가져가거라."

그 말은 들은 동내 늙은 할머니는 귀가 어두워 자세히 듣지는 못하고,

"야, 그 박수무당 어찌 굿을 잘하는지, 갓 골라 갈 적에 푸닥거리[137]도 썩 잘한다이."

광옥이 가만히 서서 굿청을 내려다보니, 굿청이 조용해지더니 그 많은 갓을 다 집어 가고, 한가운데는 갓 하나가 남아 있으니, 그 남은 갓을 떡 들고 본즉, 갓양[138]이 널찍한 게 전에 벼슬깨나 하던 것이 분명한즉, 그 갓을 한번 들고 내불러 볼 수밖에 없다 하고,

136 머리에 아무것도 쓰지 않고 나서는 차림새.
137 무당이 부정이나 살을 풀기 위해 간단하게 음식을 차려놓고 하는 굿.
138 갓의 밑 둘레에 붙어 있는 둥글넓적한 부분. 양태.

(창·산염불)

"아, 통영統營[139] 진사립眞絲笠[140]에, 대모관자玳瑁貫子,[141] 영락瓔
珞[142] 갓끈[143] 달은 것이, 배뱅이 내 솜씨가 분명하고나."

갓의 먼지를 툭툭 털고 섰으니까, 동내 청년들이 하는 말이,

"야, 그 녀석 영낙 아니면 송낙이다.[144] 그냥 내버려뒀으면 저
솜씨에 갓 하나도 안 남기고 다 찢을 뻔했다."

갓을 찾아 들고서는 광옥이가 집으로 돌아가려 할 적에, 이웃
집 할머니가 한 분 나오면서,

"아이고, 박수무당이 그렇게 영검해서 꼭꼭 잘 찾아내는데, 마
지막 가는 길에 수고스럽지만 우리가 굿하는 지간에 큰 양푼을
하나 잃어버렸으니, 그 양푼을 하나만 더 찾아주고 가라고."

광옥이가 그 말을 가만히 들어본즉, 큰 야단이 났단 말이요. 갓
은 찢으니까 갓 임자가 다 집어 가서 찾았거니와, 양푼이야 이거

139 경상남도 통영 지방에서 만든 갓은 품질이 좋고 테가 넓은 것이 특징.
140 원문에는 '등살업'이나, 명주실로 만든 최고급 '진사립'으로 교감함.
141 원문에는 '양갓'이나 '관자'로 교감함. 대모관자는 대모玳瑁로 만든, 망
   건에 달아 당줄을 꿰는 작은 고리.
142 원문에는 '염주'나, '영락'구슬을 꿰어 만든 장신구로 교감.
143 갓끈은 대개 헝겊으로 만들었으나 옥·마노·호박·산호·밀화·수정 등
   으로 만든 화려한 갓끈도 있었다. 특히, 여름에는 깁으로 짠 것은 땀에
   젖어 떨어지기 쉬우므로 호박·대모·수정·금패·연밥으로 만든 구슬 갓
   끈[주영珠纓]을 달았다.
144 '송낙'(예전에 여승이 주로 쓰던, 송라松蘿를 우산 모양으로 엮어 만든 모자)
   은 '영낙'에 맞춘 말장난으로, '영락零落없다'를 재미있게 푼 것이다. 곧
   틀림없다는 뜻.

누가 훔쳐 간 줄 알고 찾겠습니까? 그때는 이거 황단[145]한 노릇인데 마지막으로 가는 길에 신세자탄가身勢自歎歌[146]로다가,

(창·염불)

"황단하고나, 황단하고나, 양푼 찾는 일이 황단하고나."

하면서, 염불로다 한마디 하니까, 일이 이상스럽게 들어맞는라고 그 집 종 이름이 바로 황단이요 황단이란 종이 굿하는 사이에 양푼을 뒤로 빼돌렸다가 황단이, 황단이 하고 자기 이름을 부른즉, 도둑놈이 제 발이 저리더라고 가슴이 찔끔하여 양푼을 다시 굿청에다 갖다 놓고, 광옥이의 옆구리를 꾹꾹 쥐어 찌르면서,

"양푼 갖다 났어요, 여기 양푼 있어요."

하니까, 광옥이가 굿청을 내려다본즉, 양푼이 다시 왔단 말이요. 광옥이 말이,

'하하, 그럼 내 굿이 척척 들어맞는가 보다.'

하도 좋아서, 양푼을 찾아 들고 가만히 생각해본즉, 그 집에서 끌어낸 재산 가지고 슬며시 뛰어야지, 좀 더 서서 어물어물하다가는 더 급한 소리가 나면 다리가 부러지겠은즉, 재산 가지고 슬며시 뛸 수밖에 없습니다.

145 한심寒心하다의 방언(평북).
146 신세를 스스로 탄식하는 노래.

제12과장 귀로

광옥이가 배뱅이 집 재산을 가지고 돌아가면서, 배뱅이 어머니 아버지가 속아가지고 설워하는 것이 가엾기도 하고, 우습기도 하고, 애석하기도 하니까, 사원 파발거리로 돌아가면서, 염불 한마디를 하면서 가는 길이었습니다.

(창·산염불)

"남자 수중手中에 돈 떨어지면, 타관他關[147] 여행도 예상사例常事[148]로다.

평양 개명[149]서 팔아먹은 재산을, 배뱅이 굿에 봉창[150]했다.

이 덕 저 덕 뉘 덕 해도, 술장사 할머니 입덕[151]이로다.

다른 신세는 다 못 갚아도, 술장사 할머니 신세나 갚고 가자.

잘 속는다 잘 속는다, 배뱅이 어머니가 잘 속는다.

헤 에 에 헤에이-야,

떠나갑니다 떠나가요, 배뱅이 혼신魂神[152]이 떠나갑니다."

(창)

147 타향.
148 보통 있는 일. 곧 여행도 특별할 게 없다는 뜻.
149 감영監營.
150 손해 본 것을 벌충하다.
151 입이 가볍거나 험하여서 입게 되는 피해를 반어적으로 이르는 말이나,
    여기서는 유모의 가벼운 입 덕에 부를 낚았다는 데 대한 감사의 뜻.
152 죽은 사람의 넋.

"혜 에 에 혜에이-야,

혜 에 에 에 혜에이-야,

타 혜 에 에이야 염불이로다."

부록

유인만의 시조와 전래동요 채록

유인만의 시조와 전래동요 채록

실종된 연구자 유인만의 흔적 몇을 새로 찾았다. 그중 「화로」라는 제목의 연시조聯詩調와 황해도 배천白川의 전래동요를 채록한 글을 원문대로 소개한다. 후자에는 유인만의 귀중한 해설이 붙었다. 두 자료 뒤에 내가 간단한 논평을 달았다.

1. 「火爐」

火爐를 둘러 앉어 훈훈한 情이 서려
옛날 콩죽 먹든 이야기 주고받고
손가락 展覽會¹ 속에 밤만 깊어가누나

도토리 때구루루 아름 질 때보다

---

1 그림자놀이. 손가락을 불빛에 비추어 벽, 미닫이, 스크린 따위에 그림자를 만드는 놀이.

귀여운 꽃 숯불이 발갛게 펴오르는
어느제 太古쩍 꿈을 다시 본양 하여라

눈 우에 바람마지² 주리고 벗은이 들
둘러 한 자리로 뫼기 행여 어렬세라
뜨스히 火爐 하나씩 차려준들 어떻리

논평: 세 수로 이루어진 이 연시조는 내가 수집한 스크랩북에
서 발견한 것이다. 주로 식민지 시대의 신문들에서 스크랩한 시
와 평론들을 모은 이 스크랩북은 안타깝게도 출전을 기록하지
않았다. 현재 나로서는 확인이 어렵다. 그의 글들이 해방 직후에
나타나는 것이나 첫 수의 "옛날 콩죽"으로 미루어 이 시조도 그
때 발표되었을 것으로 짐작되거니와, 柳寅晩 이름 석 자는 뚜렷
하다. 가난하지만 따뜻한 조선 사람의 인정을 노래한 시조로 수
수한 맛이 있다. (최원식)

2   바람-맞이.

2.「전래동요 고사리·삽주」

고사리·삽주³를 꺾어다

한강물에 되처서

조리로 건질냐!

함박⁴으로 건질냐!

조리 조리 땅ㅅ조리⁵

주머니 주머니 장도칼

울 넘어 우렁이

담 넘어 달판이⁶

우물ㅅ둥치⁷에 미나리

마당ㅅ갱아리⁸ 답싸리⁹

---

3 국화과의 여러해살이풀. 어린잎은 맛과 향이 좋아 식용하고 뿌리는 약
   용한다. 뿌리를 가을에 캐서 햇볕에 말린 것을 백출白朮 또는 창출蒼朮
   이라고 하는데, 위를 튼튼하게 하고 열을 내리며 소변을 잘 통하게 하
   고 혈압을 내리는 데도 효능이 좋다.
4 바가지의 사투리.
5 일종의 말놀음인데, 아마도 조리 모양의 땅(복이 나가는 흉지로 여긴다)
   이거나, 뿌리가 약초로 쓰이는 조리풀인가?
6 달팽이의 사투리.
7 둔치, 비가 많이 내리면 물에 잠기는, 물가의 평평한 땅.
8 갱아리는 아마도 '가장자리'.
9 댑싸리의 사투리. 명아줏과의 한해살이풀. 줄기는 비를 만드는 재료로
   쓰인다.

고사리·삽주가 암만 맛나대야

海邊물에 흘러내리는

곤장이 맛만 못하다

　배천 지방에서는 5월 단오端午가 되면 천진난만한 소년 소녀들이 쌍동그네10를 뛰며 이 노래를 부른다. 옛날부터 구전되어 오는 동요인 만치 작자도 알 길이 없으며 노래 뜻을 알거나 무슨 필요가 있어서 부르는 것이 아니라 다만 전해 내려오는 풍속을 무의식적으로 배워오고 또 다음 대로 배워주고 하는 것이다.

　이 노래 뜻을 살펴보면 대체로 '산나물인 고사리, 삽주보다는 수산물인 곤장이가 더 낫다'는 것을 알 수 있고 가운데 절節은 '고사리, 조리, 곤장이'의 이 운韻을 따라서 '주머니, 우렁이, 달팽이, 미나리, 답싸리' 들을 끌어넣은 것이 분명하다.

　음력 3, 4월에 이 지방 고사리, 삽주(蕨·朮)11는 식탁에 오른다. 산나물 중에 가장 귀하고 대표되는 것으로 여자들이 한철 놀이 삼아서 산에 가 해오는 것이다. 곤장이(갓 깐 새우의 새끼)12도 같

10　둘이 타는 그네.
11　앞은 고사리 '궐'이고, 뒤는 삽주 '출'. 뭉개진 '궐' 자를 판독하는 데 도움을 준 홍일한의원 홍학기 원장에게 감사한다.
12　곤장이가 곤쟁이를 가리킨다면 이 주석은 문제가 있는 듯. 곤쟁이는 새우류와 모양이 비슷하지만 8쌍의 가슴다리가 있고 아가미가 드러나지 않는다는 점이 다르다. 우리나라 서해안에서 많이 잡히고, 젓을 담

은 시절에 먹는 반찬인데 핍쌀[13]알같이 작은 하잘 나위 없는 물고기다. 이것도 소녀들이 강에 나가서 잡아 온다. 3, 4월에 먹는 반찬 이야기를 단오께 노래할 만한 일이지마는 이 노래 속에 어떤 사조思潮가 흐르고 있나 고구해보기로 하자.

배천은 북으로 평산·금천金川의 산군山郡이 있고 남으로 강화江華·통진通津의 해포海浦가 연접되어 있다. 그러므로 중앙부를 관류하는 은천강銀川江, 일명 한교천漢橋川으로는 해륙물산의 운수 교통이 은성한 곳이다,

그러나 여기 종사하는 사람은 타처에서 왔거나 그렇지 않으면 특수한 하층계급으로서 일반에게 비천한 대우를 받는 자들뿐인 것이다.

임진병화壬辰兵火[14] 후로 한양에서 유우流寓[15]한 사족들과 지방 토호는 유교를 전상專尙[16]하고 문풍을 일으키어 해서의 일 소읍인 배천으로 하여금 국내에 널리 알리게 하였다. 이러한 이면에는 이조 전통적 통폐인 사농士農만 편중하려는 계급 사상이 미만하여 어염상고漁鹽商賈[17]의 실리를 알면서도 그들의 지도 발전을

가 먹는다.
13 겉피를 찧어서 겉겨를 벗긴 쌀.
14 임진왜란.
15 떠돌아다니다가 타향에서 머물러 삶.
16 오로지 숭상함.
17 고기 잡고 소금 굽고 장사함.

도모해주지 못하고 오로지 사부士夫로서 할 일이 아니라고 비천하게 여겨 멀리하였다. 인척 관계도 산군지대인 평산·금천과만 맺었었고 같은 접양지接壤地[18] 강화·통진과는 별로 상대를 하지 않았던 것이다.

『여지승람輿地勝覽』에 "속호조주상고俗好操舟商賈"[19]라 하였고 『택리지擇里志』에 "거인희이주즙통강해지리居人喜以舟楫通江海之利"[20] 운운하였건만 본군 읍지에는 이런 경제적 사회적 중요현상을 하나도 올리지 않고, "무본농상務本農桑"[21]이니 "호칭문헌好稱文獻"[22]이니 "사지조두지습士知俎豆之習"[23]이니 하는 일방적 기록만 실었을 뿐이었다.

이런 분위기 속에서 전래해오는 '고귀한 산채山菜가 아무리 좋다 하더래도 해산물 중에 미천한 곤장이만 같지 못하다'는 이 동요의 의의야말로 음미할 만하다.

배천과 지리적 환경이 같은 지방에서라야만 불릴 것이니 산촌 야읍野邑에서 투안偸安[24]을 일삼는 것보다는 오히려 해양 진출이 이롭고 더 중요함을 강조하는 실질적 진취사상 속에서 빚어진

18 경계를 접한 땅.
19 풍속이 배를 젓고 장사하기를 즐김.
20 주민이 배로써 강과 바다에 통하는 이로움을 좋아함.
21 농사와 누에치기 같은 근본에 힘씀.
22 문헌을 일컫기를 좋아함.
23 선비들이 제사의 관습을 앎.
24 할 일을 미루고 눈앞의 안일을 꾀함.

노래임이 틀림없는 것이다.

　논평: 배천의 전래동요 「고사리·삽주」를 채록하고 간단한 해제를 붙여 소개한 이 글은 조선금융조합연합회가 발행한 『협동』 2호(1946.10)에 실린 글이다. '유인만기寄'가 뚜렷해 유인만의 기고임이 분명타. 「배뱅이굿」 채록본 발표 이전의 일이다. 이로써 그가 민속 방면에 뜻을 둔 학구임이 드러나거니와, 현장에서 채록된 이 동요 또한 귀중하다. 아마도 유일본일 가능성이 높은 이 동요는 기록적 가치로서뿐 아니라 뜻도 좋다. 바다를 경시해 식민지로 전락한 경험을 반추하며 산에 대한 바다의 중요성을 암시한 이 노래에 주목한 그의 안목이 선진적이다. 유인만의 존재가 더욱 궁금해진다. (최원식)

색인: 주제어

색인: 인명·지명

잃어버린 배뱅이굿

1판 1쇄 인쇄   2025년 1월 22일
1판 1쇄 발행   2025년 1월 22일

편저자   최원식
펴낸이   임양묵
펴낸곳   솔출판사

편집   윤정빈 임윤영
경영관리 박현주

주소   서울시 마포구 와우산로29가길 80(서교동)
전화   02-332-1526
팩스   02-332-1529
블로그   blog.naver.com/sol_book
이메일   solbook@solbook.co.kr
출판등록 1990년 9월 15일 제10-420호

ISBN   979-11-6020-208-3 (03670)